최병학 목사의 고린도후서 강해

주님의 몸으로 살라

최병학 목사의 고린도후서 강해

주님의 몸으로 살라

최 병 학 지음

베드로서원

들어가며

바울은 다른 사도들과 달리 많은 고난을 겪었습니다. 그것도 죽음에 이르는 고난들이었습니다. 1차 전도 여행에서부터 3차 전도 여행까지 그 기간을 대략 10년으로 잡으면, 고린도후서 11장에 나오는 사도 바울의 고난만 가지고 평균을 내도 그는 두세 달에 한 번 죽을 것 같은 고난을 받았습니다. 또한 그는 안과 질환이 있었기에 눈에는 분비물이 질금질금 새어 나왔고 사람들은 그를 피하고 싶을 정도였다고 말을 하는 학자들도 있습니다. 그의 생활은 초라하기 그지없었고, 언변에 있어서는 당시 고린도인들이 인정하는 수사학적인 말을 능통하게 사용하지 못하였습니다. 고린도 교회는 이 모든 것들을 빌미로 바울의 사도성을 공격하였습니다.

그러나 바울은 그런 자신의 삶을 부끄러워하거나 수치스러워하지 않았습니다. 오히려 그것은 그의 자랑이었습니다.

바울에게 가장 큰 수치는 자신이 주인 되어 사는 일이었습니다. 바울은 천국에 가기를 열망했습니다. 까닭은 이 땅의 삶이 힘들고 어려워서가 아니라, 천국에 가면 자신이 주님의 몸으로 변하기 때문에, 더 이상 자신이 주인 된 삶을 살지 않기 때문이었습니다.

이 땅에서 바울에게 가장 큰 영광은 자기 자신은 죽고 오직 주님으로 사는 것이었습니다.

고린도후서는 고린도 교회에 들어온 거짓 교사와 몇몇 성도가 함께 바울의 사도성을 공격하는 것에 대한 바울의 답변입니다. 자신의 사도성이 의심되면 자신이 전한 복음이 거짓이 되기에 바울은 힘을 다해 자신은 주님이 보낸 사도임을 증명합니다. 그 가운데 바울은 복음이 무엇인지 다시 설명합니다. 바울의 복음은 간단합니다. 예수가 나를 대신해서 죽었기에 나도 주님과 함께 죽었고, 주님이 부활하여 만유의 주가 되심으로 주님이 내 안에 살고 계시다는 것입니다. 그래서 예수 믿는 것은 '내가 죽고 예수로 사는 것'임을 모든 장마다 밝히고 있습니다.

차례대로 읽으면 좋겠지만 그냥 펼쳐지는 대로 읽으셔도 됩니다. 왜냐하면, 모든 곳에 내가 죽고 예수로 사는 복음이 있기 때문입니다. 아무쪼록 이 책을 통하여 우리의 최고의 영광이 예수로 사는 것임을 배우길 원합니다. 한 사람에게라도 이 은혜가 전달되면 책은 가치를 한 셈입니다.

영광의 길을 함께 걷는 기쁨의 식구들에게 책을 드립니다.

목차

01
환난을 이길 힘

01
환난을 이길 힘
고린도후서 1:1-5

1 하나님의 뜻으로 말미암아 그리스도 예수의 사도 된 바울과 형제 디모데는 고린도에 있는 하나님의 교회와 또 온 아가야에 있는 모든 성도에게 2 하나님 우리 아버지와 주 예수 그리스도로부터 은혜와 평강이 있기를 원하노라 3 찬송하리로다 그는 우리 주 예수 그리스도의 하나님이시오 자비의 아버지시요 모든 위로의 하나님이시며 4 우리의 모든 환난 중에서 우리를 위로하사 우리로 하여금 하나님께 받는 위로로써 모든 환난 중에 있는 자들을 능히 위로하게 하시는 이시로다 5 그리스도의 고난이 우리에게 넘친 것 같이 우리가 받는 위로도 그리스도로 말미암아 넘치는도다

고린도후서는 바울이 고린도에 보낸 두 번째 편지일 것으로 생각하지만, 사실은 전서를 보낸 다음 한두 통의 편지를 더 썼습니다. 그러나 그 편지는 유실되었습니다. 고린도후서는 세 번째 혹은 네 번째 편지입니다. 편지글이기에 편지를 쓴 목적이 있지 않겠습니까? 그중 하나가 고린도 교회에 거짓 교사들이 들어와서 성도들로 하여금 바울의 사도성에 대해서 의심 하도록 만든 것입니다. 한국 교회가 신천지로 인해서 많은 피해를 입었습니다. 그들 전략 중 하나가 기성교회에 위장 성도로 들어가서 성도

들과 친밀한 관계를 맺고 그 후 교회와 담임 목사에 대하여 부정적인 인식을 퍼뜨려 교회에 분란을 일으켜서 그 교회를 망가뜨리는 것입니다. 이와 유사하게 거짓 교사들이 고린도 교회에 들어가서 성도들을 현혹하여 바울을 의심하게 만들며 교회를 분열시켰습니다.

그들이 바울의 사도성을 의심하는 이유 중 하나는, 바울은 너무 초라한 삶을 살며 많은 환난을 받는다는 것입니다. 예수 잘 믿으면 잘 살고 평안을 누려야 하지 않느냐는 것입니다. 고린도전서 4장 8절을 보면 이런 내용이 나옵니다. **"너희가 이미 배부르며, 이미 풍성하며 우리 없이도 왕이 되었도다. 우리가 너희와 함께 왕 노릇 하기 위하여 참으로 너희가 왕이 되기를 원하노라."** '이미 배부르며 이미 풍성하며'라는 말은 그들의 삶이 부유하다는 것을 말합니다. 자신들이 그렇게 부유한 까닭은 예수를 잘 믿어서 그렇다는 것인데 그 시각으로 바울을 보니 바울의 사도성을 의심하지 않을 수 없습니다. 사도라면 우리보다 훨씬 더 예수를 잘 믿을 것인데 그러면 더 평안해야 하지 않느냐는 것입니다.

여기에 대해서 바울은 자신이 왜 환난을 그렇게 많이 받았는지에 대하여 밝힙니다. 그것이 고린도후서 1장의 내용입니다. 그 이유를 말하는 중에 바울은 그 모든 환난을 이겼다는 말을 덧붙입니다. 환난 때문에 믿음이 꺾이질 않았고, 환란 때문에 맡겨진 사명을 뒤로하고 물러서지 않았다는 겁니다. 우리들 주변을 보면 환난 때문에 신앙을 포기한 사람들이 많이 있습니다. 또한 환난 때문에 사역을 내려놓거나 믿음 생활이 침체에 빠진 그런 경험을 하신 분들도 있을 줄 압니다. 그러나 바울은 자신에게 닥친 모든 환난을 이겼다는 것입니다.

그럼 지금부터 바울이 어떻게 그 모든 환난을 이길 수 있었는지를 살펴보겠습니다. 왜 그렇게 많은 환난을 받았는지는 뒤에서 살펴보도록 하겠습니다.

바울은 하나님의 위로로 모든 환난을 이겼습니다

바울이 받은 환난은 고린도후서 11장 24~27절 이하에 자세히 나옵니다. **"유대인들에게 사십에 하나 감한 매를 다섯 번 맞았으며, 세 번 태장으로 맞고, 한 번 돌로 맞고, 세 번 파선하고, 일 주야를 깊은 바다에서 지냈으며 여러 번 여행하면서 강의 위험과 강도의 위험과 동족의 위험과 이방인의 위험과 시내의 위험과 광야의 위험과 바다의 위험과 거짓 형제 중의 위험을 당하고 또 수고하고 애쓰며 여러 번 자지 못하고 주리며 여러 번 굶고 춥고 헐벗었노라."** 바울이 고린도 후서를 기록할 때까지 전도 여행을 다닌 기간은 대략 10여 년 남짓입니다. 위의 내용만 가지고 계산을 해도 그는 두세 달의 한 번은 죽음에 이르는 환난을 받았습니다. 우리가 살면서 당하는 환난이나 또는 교회에서 겪는 어려움과는 비교가 안 됩니다.

어떻게 바울은 그런 환난을 뚫고 자신의 믿음뿐 아니라 자신의 사역까지 수행할 수 있었을까요? 바울은 여기에 대해 대답을 합니다. 고린도후서 1장 6절입니다. **"우리가 환난 당하는 것도 너희가 위로와 구원을 받게 하려는 것이요. 우리가 위로를 받는 것도 너희가 위로를 받게 하려는 것이니 이 위로가 너희 속에 역사하여 우리가 받는 것 같은 고난을 너희도 견디게 하느니라."** 모든 환난을 이길 수 있는 힘은 다름 아닌 하나님의 위로입니다. 고린도 교인들은 이 말을 쉽게 이해합니다. 왜냐하면 '위로'란 단어는 운동 경기 용어였기 때문입니다. 고린도는 당시 지금의 그리스지역 수도였습니다. 그리스 하면 철학이 떠오르기도 하지만 또 하나는 우리가 잘 아는 올림픽의 발상지입니다. 그리스에는 당시 '올림피아' '피디아' '네메아'라는 운동 경기가 열렸고, 고린도 지역에서는 '이스트미아 제전'이 2년마다 열렸습니다. 대게 이러한 운동 경기의 막바지에는 선수들이 지치게 됩니다. 이때 사람들은 그의 옆으로 몰려들어서 함성을 지르며 응원을 합니다. 그 응원에 힘을 얻어 그 선수는 목적지까지 달리든지, 마지막 라운드까지 격투를 합니다. 성경에서 말하는 '위로'가 바로 그런 의미입니다. 위로가 헬라어 파라클레시스인데 영어로는 'comfort'입니다. 어원이 되는 라틴어 'com'은 '옆에 와서'입니다. 'fortis'는 '힘을 실어 주다' 합치면 '옆에 와서 힘을 실어주다'라는 뜻입니다.

바울이 환난을 겪을 때 마음에 좌절이 옵니다. 그때 하나님께서 그의 곁에서 그에게 힘을 줍니다. 그 힘으로 결국 환난을 이겼다는 것입니다. 우리 또한 많은 환난을 겪을 수 있습니다. 삼손이 이방 여인 들릴라를 사랑함으로 환난을 당하듯이 나의 잘못으로 환난을 겪을 수 있습니다. 오늘 우리가 당하는 코로나처럼 나와 상관없는 재난으로 어려움을 겪을 수도 있습니다. 졸음운전으로 인하여 사고를 당하듯이 다른 사람의 잘못으로 환난을 겪을 수도 있습니다. 그러나 우리가 굳게 믿어야 할 것은 환난의 원인, 환난의 범위, 환난의 크기, 환난의 깊이와 상관없이 우리는 환난에 침몰당하지 않을 수 있습니다. 환난을 뚫고 나갈 수 있습니다. 왜냐하면 모든 환난에서 우리는 하나님의 넘치는 위로를 받을 수 있기 때문입니다.

하나님의 위로는 예수 그리스도이십니다

그럼 하나님이 우리에게 주시는 위로는 무엇일까요? 고린도후서 1장 5절입니다. "그리스도의 고난이 우리에게 넘친 것 같이 우리가 받는 위로도 그리스도로 말미암아 넘치는도다." 하나님의 위로는 그리스도입니다. 그럼 그리스도로 말미암아 우리가 어떻게 위로를 받을 수 있을까요? 다시 말해서 우리가 어떻게 힘을 얻을 수 있을까요? 답은 히브리서 12장 2-3절에서 밝히고 있습니다. "믿음의 주요 또 온전하게 하시는 이인 예수를 바라보자. 그는 그 앞에 있는 기쁨을 위하여 십자가를 참으사 부끄러움을 개의치 아니하시더니 하나님 보좌 우편에 앉으셨느니라" "너희가 피곤하여 낙심하지 않기 위하여 죄인들이 이같이 자기에게 거역하신 일을 참으신 이를 생각하라." 피곤하여 낙심하지 않기 위하여 어떻게 해야 합니까? 예수를 바라보며 생각하는 것입니다. 어떤 예수입니까? 우리를 구원하기 위하여, 우리의 주인이 되기 위하여 그 부끄럽고 수치스러운 십자가를 지신 예수를 바라보라는 것입니다. 그럼 넘치는 위로가 있고 힘을 얻을 수 있습니다.

이해를 돕기 위하여 예를 들면 이렇습니다. 시집간 딸이 자식을 낳고 기르는 데 너무 힘이 듭니다. 그때 어머니가 불현듯 생각납니다. 어머니는 다섯 자녀를 키웠습니다. 그것도 가난한 형편에서 말입니다. 어떤 불평도 힘들다는 말도 하지 않았습니다. 이렇게 자신을 키운 어머니의 그 사랑이 생각이 나고 감격이 몰려옵니다. 엄마의 눈물, 엄마의 고생을 생각하니 자신의 고생은 아무것도 아닌 것으로 보입니다. 그러자 자신 또한 자신을 사랑으로 키워주는 엄마의 사랑으로 키우고 싶은 마음이 듭니다. 조금 전까지만 해도 밉던 그 자식이, 이제는 사랑스럽게 보입니다. 조금 전까지만 해도 "내가 왜 이렇게 독박 육아를 해야 하나"라는 불평의 마음이 감사의 마음이 됩니다. 엄마의 사랑이 그 마음에 흘러왔기 때문입니다.

위 어머니의 예는 단순한 마음의 감동이지만 예수를 바라보면 실제 주님이 나에게 역사합니다. 주의 영인 성령께서 감동과 능력을 주십니다. 이스라엘 백성들이 광야 길을 걷다 불 뱀에 물려 죽어갑니다. 그때 모세가 놋 뱀을 만들어서 장대에 매답니다. 놋 뱀은 예수 그리스도를 상징합니다. 그러면서 누구든지 바라보면 낫는다고 합니다. 희한합니다. 하다못해 놋 뱀을 고아 먹어야 힘이 나지 바라만 본다고 역사가 일어납니까? 그런데 바라보는 사람들은 낫습니다. 치료의 역사가 일어났습니다. 왜 그렇습니까? 주님을 바라보면 주의 영이 내 안에 역사하시기 때문입니다. 힘들어서 사역을 포기하려다가도 주님을 바라보면, '하나님이신 예수님은 죄인들이 거역한 것도 참았는데, 나는 왜 한 사람 때문에 이렇게 사역을 내려놓으려고 하는가?' 라는 성령이 주시는 감동이 있습니다. 문제 중에 주님을 바라보면, "주님께서 십자가에서 모든 것을 해결해 주셨기에 이 문제도 해결되었구나!"라는 성령께서 깨달음을 주십니다. 주님을 바라보면 반드시 성령이 내 안에 역사하시며 나에게 필요한 위로와 힘을 주십니다.

주님을 바라볼 때 거기서 새 힘을 얻습니다

유명한 기독교 저술가 필립 얀시가 그의 책에서 한 여자분의 이야기를 소개합니다. 평소에는 신앙에 조금도 관심이 없던 사람이었는데, 몇 달간 암으로 고통을 겪고 나서 그리스도를 영접합니다. 그리스도가 그 안에 들어오시니 주님과 함께 하는 놀라운 은혜를 경험합니다. 그녀는 죽음을 앞두고 영광 속에서 이렇게 외칩니다. "오, 하늘이 보인다. 거기서 예수님이 나를 기다리고 계신다!" 그녀는 성자의 미소를 지으며 죽음을 맞이했습니다. 예수가 그 안에 들어오자 죽음 속에서도 위로를 받고 새로운 삶을 삽니다. 바울은 전도하다 채찍에 맞아 옥에 갇혔지만, 주님을 바라보니 자신이 주님의 길을 걷는 것이 영광이어서 찬송을 합니다.

조개 중에 삿갓조개가 있습니다. 희귀종입니다. 삿갓조개는 바위나

배 밑창에 붙어삽니다. 바위에 붙어 있는 삿갓조개는 절대 뗄 수 없다고 합니다. 바위 자체를 깰 수는 있어도 삿갓조개는 뗄 수 없다고 합니다. 과학자들은 삿갓조개가 이렇게 강하게 붙어 있는 이유를 찾았습니다. 바로 오랫동안 파도와 싸웠다는 점입니다. 파도의 힘은 시속 500㎞의 엄청난 바람과 비슷하다고 합니다. 이렇게 강한 파도 속에서 오랜 세월을 견디는 삿갓조개는 바위와 한 몸처럼 밀착하여 떼려고 해도 뗄 수 없는 사이가 됩니다.

예수를 믿을 때 우리는 이미 죽었습니다. 우리는 죽은 자이기에 오직 바라볼 수 있는 대상은 주님밖에 없습니다. 오늘 내가 주님을 바라보지 않는 까닭은 내가 죽었음을 잊어버렸기 때문입니다. 우리는 주님밖에 바라볼 대상이 없습니다. 환난이 아무리 심해도 주님을 바라보면 주님이 내 안에 채워집니다. 주님이 마음과 생각과 육체에 힘을 주십니다. 그 힘으로 우리는 모든 환경을 뚫고 이길 수 있습니다. 이 은혜가 있기를 축복합니다.

02
믿음의 고난을 계산하지 않는 신앙

02
믿음의 고난을 계산하지 않는 신앙
고린도후서 1:6-11

6 우리가 환난 당하는 것도 너희가 위로와 구원을 받게 하려는 것이요 우리가 위로를 받는 것도 너희가 위로를 받게 하려는 것이니 이 위로가 너희 속에 역사하여 우리가 받는 것 같은 고난을 너희도 견디게 하느니라 7 너희를 위한 우리의 소망이 견고함은 너희가 고난에 참여하는 자가 된 것 같이 위로에도 그러할 줄을 앎이라 8 형제들아 우리가 아시아에서 당한 환난을 너희가 모르기를 원하지 아니하노니 힘에 겹도록 심한 고난을 당하여 살 소망까지 끊어지고 9 우리는 우리 자신이 사형 선고를 받은 줄 알았으니 이는 우리로 자기를 의지하지 말고 오직 죽은 자를 다시 살리시는 하나님만 의지하게 하심이라 10 그가 이같이 큰 사망에서 우리를 건지셨고 또 건지실 것이며 이 후에도 건지시기를 그에게 바라노라 11 너희도 우리를 위하여 간구함으로 도우라 이는 우리가 많은 사람의 기도로 얻은 은사로 말미암아 많은 사람이 우리를 위하여 감사하게 하려 함이라

정신의학자 스코트 팩이라는 분이 이런 말을 하였습니다. "이 시대의 사람들이 유난히 정신적으로 불행한 이유는 '인생은 쉬운 것이다. 즐겁고 행복해야만 한다.'라는 잘못된 전제를 받아들였기 때문이다." 실제 그런 것 같습니다. 사람들은 고난이 없는, 무병장수하며 무탈한 인생을 선으

로 여깁니다. 고난은 악으로 여깁니다. 예수를 믿는 고린도 교인들까지도 그렇게 생각을 했습니다. 그래서 바울을 보며 "예수 잘 믿으면 무탈하고 별고가 없어야 하는데 왜 저러냐? 사도가 맞냐?" 이렇게 의심하였습니다. 그런데 바울은 어떻게 말합니까? 고린도후서 1장 5절입니다. **"그리스도의 고난이 우리에게 넘친 것 같이 우리가 받는 위로도 그리스도로 말미암아 넘치는도다."** 바울의 어투를 보세요. 고난이 넘치는 것도 주님으로부터 받는 위로가 넘치는 것도 다 당연하듯이 말합니다. 고난이 넘쳤다는 말은 고난이 없을 때가 없었다는 말입니다. 그것을 당연하게 말합니다. 수학에서 상수는 변하지 않는 수입니다. 바울은 고난을 삶에 상수로 여겼습니다. 어쩌다 일어날 수 있는 변수가 아니었습니다.

바울만 그렇게 말한 것이 아닙니다. 베드로가 예수님에게 우리는 모든 것을 다 버리고 주님을 따랐다고 말을 할 때, 예수님의 대답입니다. 마가복음 10장 29-30절입니다. **"예수께서 이르시되 내가 진실로 너희에게 이르노니 나와 복음을 위하여 집이나 형제나 자매나 어머니나 아버지나 자식이나 전토를 버린 자는 현세에 있어 집과 형제와 자매와 어머니와 자식과 전토를 받되 백배나 받되 박해를 겸하여 받고 내세에 영생을 받지 못할 자가 없느니라."** 형제나 가족보다 더 주님을 사랑한 자에게 주님은 반드시 복을 주시는 데 몇 배를 주십니까? 백배를 주십니다. 내 가정, 내 자녀를 진정 사랑하는 방법은 그들보다 주님과 교회를 더 사랑하는 것입니다. 그러면 주님께서 여러분보다 백배나 그들을 사랑하실 것입니다. 나아가서 영생을 반드시 얻습니다. 영생은 주님과 함께 사는 것을 말합니다. 그런데 중간에 또 하나 받는 것이 있습니다. 무엇입니까? 박해입니다. 믿는 것으로 인해 당연히 고난이 있음을 말합니다.

예수를 잘 믿는 자에게 고난은 상수입니다.

바울이 예수를 대충 믿고 자신의 사명을 감당하려고 하지 않았다면 그는 고난을 받을 필요가 없습니다. 바울이 받은 고난은 순전히 예수를 잘 믿음으로 받은 고난입니다. 고린도후서 1장 7절입니다. **"너희를 위한 우리의 소망이 견고함은 너희가 고난에 참여하는 자가 된 것 같이 위로에도 그러한 줄 아노라."** 고린도 교인들 중에서도 고난이 있었습니다. 그중 하나가 우상에게 제사하지 않기에 일어난 고난입니다. 당시 우상에게 제사하는 것은 일상이었습니다. 당시 상인들은 조합에 다 들어갔으며 그 조합은 모일 때마다 우상에게 제사를 하였습니다. 그렇게 하지 않으면 조합에서 나와야 합니다. 조합에서 나오면 당장 사는 것이 어려워집니다. 그들이 고난에 참여하였다는 말은 기꺼이 그것을 받아들였다는 말입니다. 이것은 예수를 잘 믿고자 하는 데서 온 고난입니다.

우리가 진정 주님과 그의 몸 된 교회를 사랑하며 충성할 때 거기에는 고난이 따라옵니다. 사람들로부터 말을 들을 수 있습니다. 오해도 받습니다. 때로는 시기하는 자들의 모함을 받기도 합니다. 혼자 짐을 다 져야 할 때도 있습니다. 마귀가 역사하여 생활이 힘들어질 때도 있습니다. 욥의 경우입니다. '나는 예수를 믿고 주의 몸인 교회를 섬기는데 아무런 고난도 없었다. 어려움도 없었다.' 죄송하지만 그분은 열심히 예수를 믿지 않았기 때문입니다. 또는 열심히 믿으면 그런 일이 있는 줄 알고 아예 발을 빼기 때문입니다. 예수를 진정으로 사랑하면 축복도 있고 영생도 있습니다. 그러나 믿음으로 인한 고난도 반드시 있습니다. '예수 잘 믿으면 고난은 상수다' 이 말을 외치며 사셔야 합니다. 그러면 실제 충성하다가 고난이 오면 뒤로 물러가지 않습니다. 진리를 깨달았기 때문입니다.

고난을 통하여 우리는 주님의 성품을 닮아갑니다

왜 이렇게 믿는 자에게 고난이 있는 것일까요? 먼저 우리를 주님처럼 위로자로 만들기 위함입니다. 이사야 40장 1절은 장차 오실 메시야에 대한 예언입니다. "너희의 하나님이 이르시되 너희는 위로하라. 내 백성을 위로하라." 장차 올 메시야는 위로자로 온다는 말입니다. 주님이 고난받은 까닭은 우리를 위로하기 위해서입니다. 암에 걸린 사람을 누가 가장 잘 위로합니까? 암을 통하여 주님의 위로를 경험한 사람입니다. 동병상련이 됩니다.

바울은 주의 길을 걷고 있습니다. 그럼 당연히 그 또한 위로자가 되어야 합니다. 그래서 그가 고난받고 위로를 경험한 까닭은 그 또한 고난 겪는 자를 위로하기 위함이라고 해석됩니다. 어찌 바울뿐이겠습니까? 우리 안에 주의 영인 성령이 계십니다. 성령의 또 다른 이름이 보혜사입니다. 우리말로 번역하면 위로자입니다. 우리 안에 위로자인 성령을 두신 까닭은 우리를 위로자 되게 하기 위함입니다. 그를 위로하려면 나 또한 고난을 거쳐야 합니다. 그래서 나에게 온 고난은 주님을 따라 살도록 하기 위함입니다. 주님이 우리에게 주시는 것, 그것이 고난일지라도 그냥 주시는 법이 없습니다. 나에게 온 모든 환경, 다 나를 사용하기 위하여 주신 것입니다. 고난은 우리 또한 주님처럼 위로자로 살려고 주신 선물입니다. 이 믿음이 있기를 원합니다.

고난은 우리의 성품도 주님을 닮도록 만듭니다. 고린도후서 1장 9절입니다. **"우리는 우리 자신이 사형 선고를 받은 줄 알았으니 이는 우리로 자기를 의지하지 말고 오직 죽은 자를 다시 살리시는 하나님만 의지하게 하심이라."** 무슨 고난이든지 고난의 목적은 주님을 의지케 하는 것이 목적입니다. 어떤 힘듦이 올지라도 주님을 붙잡고 주님께 구하시기 바랍니다. 반드시 역사가 일어납니다. 로마서 5장 3-4절입니다. "다만 이뿐 아니라 우리가 환난 중에도 즐거워하나니 이는 환난은 인내를 인내는 연단을 연단은 소망을 낳느니라."

환난은 인내를 낳는다는 것입니다. 고난 속에서 주님을 의지하며 고난을 견딥니다. 그럼 인내하는 자가 됩니다. 인내하는 가운데 계속 주님께 도움을 구하면, 어떤 일이 일어납니까? 연단이 일어납니다. 순도 100%의 은을 추출하려면 은이 든 도가니를 풀무불에 넣습니다. 그럼 불순물이 가라앉든지 떠오릅니다. 그럼 그것을 건져냅니다. 이것을 연단이라고 합니다. 지금 사람으로 인하여 힘들어합니다. 고난 속에 있는 것입니다. 그런데 주님을 의지하고 기도하면 오히려 그 사람을 진정 사랑하지 못하고 여전히 미워하는 자신을 보게 됩니다. 그러면 회개하게 됩니다. 고난이란 풀무가 자신을 정결케 합니다. 연단이 일어납니다. 그런 연단의 과정을 통해 죄를 죽이며 살아가는 주님의 모습으로 변합니다.

사람들은 애완동물을 좋아합니다. 어떤 가정의 남편은 회사에서 오면 아무도 반겨주지 않는데 애완견은 깡충깡충 뛰면서 자신을 맞아줄 때 한마디 합니다. '네가 사람보다 낫다.' 자식들은 찾아오지 않습니다. 그런데 곁에 있는 개는 재롱을 피웁니다. 한마디 합니다. '자식보다 낫다.' 그러나 그 애완동물이 나를 연단하지 않습니다. 나를 연단하는 것은 반겨주지 않는 그 식구들, 그 자식들입니다. 우리가 그런 일로 섭섭해합니다. 힘들어합니다. 그런 우리를 보면서 우리가 얼마나 자기를 붙잡고 사는지를 보게 됩니다. 사실 우리가 '원수'라고 부르는 사람이 나를 연단 시킵니다.

세상의 모든 종교는 고난을 없애는 종교입니다. 고난을 없애는 종교는 전부 이 땅을 바라보도록 만드는 종교입니다. 한 마디로 구원이 없는 종교입니다. 우리는 고난이 유익이라고 외칩니다. 우리는 장차 주님의 나라에 들어감이 있기에 그러려면 주님을 닮아야 하기에 그렇습니다. 고난은 우리로 하여금 하늘나라 사람으로 만들어 갑니다. 그래서 축복입니다. 믿음으로 사는 가운데 고난이 옵니까? 외치셔야 합니다. '주님이 날 하늘나라 백성 준비시키시는구나!'

고난을 생각지 말고 오직 주님과 함께 하는 삶을 추구하여야 합니다

바울이 생사의 위험에 처한 환난을 그의 사역 횟수로 나누어보면 1-2개
월마다 받은 것이 됩니다. 아무리 머리가 나쁜 사람일지라도 그 정도로 환
난을 받으면 벌써 계산이 나옵니다. 아, 이렇게 살면 고난이 오는구나! 그
러면 당연히 회피하려고 합니다. 실제로 많은 사람이 고난이 두려워서 사
역의 현장을 떠납니다. 마가는 바울의 1차 전도 여행 시 수행원으로 따라
간 젊은 청년입니다. 지금의 터키 지역을 선교하기 위해 버가 항구에 도착
하였을 때, 바울은 풍토병에 걸립니다. 마가는 그런 바울을 수행하여 해
발 2000미터가 넘은 타우루스 산맥을 넘어 비시디아 안디옥까지 가야 함
을 알자 그는 바울의 수행원으로 서 있어야 함에도 불구하고 수행원의 사
명을 뒤로한 채 집으로 도망을 갑니다.

한편으로 바울은 고난에 대한 트라우마가 생길 법도 합니다. 파선을 한
두 번 당합니까? 그럼 배에 대한 트라우마가 생겨 배를 다시 타지 않겠다
고 말할 수 있습니다. 부교역자 초창기에 담임 목사님께서 수시로 전화로
일을 지시하였습니다. 한 번은 새벽 4시에 전화가 와서 5시에 있는 새벽기
도에 설교하라는 것이었습니다. 아마 출타하셨다고 못 오신 모양입니다.
나중에는 담임 목사님 벨이 울리면 가슴이 뛰어요. 불안합니다. 그때 알
았습니다. 아, 트라우마라는 것이 이런 것이구나! 제가 감당 못 할 지시도
아닌데 예상치 못한 시간에 계속 전화가 오자 저도 모르게 전화에 대한 두

러움이 생겼습니다.

바울은 얼마든지 고난을 계산할 수도 있고 고난에 대한 트라우마가 생길 수 있습니다. 그런데 바울은 고난을 계산하지도 않고 고난에 대한 두려움도 없습니다. 희한하지 않습니까? 아예 고난을 염두에 두고서 살지를 않습니다. 고난에 사로잡혀 살지 않습니다. 그러니 고난 때문에 뒤로 물러간 적이 없습니다. 이유가 무엇입니까? 바울은 고난 가운데 넘치는 위로를 받았다고 합니다. 넘치는 위로는 주님이십니다. 함께 하시는 주님을 본 것입니다. 그는 고난에 시선을 둔 것이 아니라 함께 하신 주님에게 늘 시선을 두었습니다.

실제로 그렇게 산 인물은 바울뿐만이 아니었습니다. 다윗도 그렇게 살았습니다. 시편 23편 1-4절입니다. **"여호와는 나의 목자시니 내게 부족함이 없으리로다. 내가 사망의 음침한 골짜기를 다닐지라도 해를 두려워하지 않을 것은 주께서 나와 함께 하심이라. 주의 지팡이와 막대기가 나를 안위하시나이다."**

사망의 음침한 골짜기가 있습니다. 그런데 다윗은 사망의 음침한 골짜기 즉, 고난에 초점을 맞추는 것이 아니라 주님이 나와 함께 하심이라고 합니다. 함께 하시는 주님을 바라봅니다. 그 주님을 바라보자 사망의 음침한 골짜기가 겁나지 않습니다. 그리고 그 골짜기로 과감히 들어갑니다.

주를 사랑하되 가장 사랑해야 합니다. 그러면 축복과 영생을 반드시 얻습니다. 또한 믿음으로 인한 고난을 계산하지 말고 나와 함께 하신 주님에 초점을 맞춰서 살아가시기 바랍니다. 그럼 고난을 이길 뿐 아니라 그 고난이 나로 하여금 장차 천국에서 주님과 같이 살아갈 수 있는 자로 변화시킵니다. 그래서 환난은 인내를 인내는 연단을 연단은 소망을 낳는 것입니다. 이 깨달음이 우리 모두에게 있길 축복합니다.

03
모순 속에서도 아멘!

03
모순 속에서도 아멘!
고린도후서 1:15~22

15 내가 이 확신을 가지고 너희로 두 번 은혜를 얻게 하기 위하여 먼저 너희에게
이르렀다가 16 너희를 지나 마게도냐로 갔다가 다시 마게도냐에서 너희에게 가
서 너희의 도움으로 유대로 가기를 계획하였으니 17 이렇게 계획할 때에 어찌
경솔히 하였으리요 혹 계획하기를 육체를 따라 계획하여 예 예 하면서 아니라
아니라 하는 일이 내게 있겠느냐 18 하나님은 미쁘시니라 우리가 너희에게 한
말은 예 하고 아니라 함이 없노라 19 우리 곧 나와 실루아노와 디모데로 말미암
아 너희 가운데 전파된 하나님의 아들 예수 그리스도는 예 하고 아니라 함이 되
지 아니하셨으니 그에게는 예만 되었느니라 20 하나님의 약속은 얼마든지 그
리스도 안에서 예가 된 그런즉 그로 말미암아 우리가 아멘 하여 하나님께 영광
을 돌리게 되느니라 21 우리를 너희와 함께 그리스도 안에서 굳건하게 하시고
우리에게 기름을 부으신 이는 하나님이시니 22 그가 또한 우리에게 인치시고
보증으로 우리 마음에 성령을 주셨느니라

바울이 에베소에 있을 때, 고린도 교회에서 온 성도들 몇이 고린도 교회
에서 일어난 심각한 분파 문제와 교회가 궁금해하는 사항들을 바울에게
전해줍니다. 바울이 거기에 대해서 글을 쓴 것이 바로 고린도전서입니다.
그 편지를 디모데의 손에 쥐어 보내고 분파 문제를 해결할 것을 당부합니
다. 그러나 디모데는 그 문제를 해결하지 못합니다. 그래서 바울이 직접

갑니다. 그때 바울은 고린도 교회에서 쓰라린 경험을 합니다. 그리고 에베소에 돌아와서는 자신의 권면을 따라 줄 것을 요청하는 눈물의 편지를 쓰고 그 편지를 제자인 디도 편으로 부칩니다. 바울은 고린도 교회의 소식이 너무 궁금해서 고린도에서 돌아오는 디도를 만나러 마게도냐로 건너갑니다. 거기서 디도는 바울이 걱정하는 문제들이 잘 해결되었음을 알려줍니다. 그러면서 한 가지 우려할 만한 내용을 전하는데 사람들 중 몇몇이 바울을 이중적이라고 부른다는 겁니다. 까닭인즉, 지난번 바울이 고린도에 방문했을 때, 마게도냐 지역을 돌아보고 다시 온다고 하였는데 오지 않았다는 겁니다. 고린도후서 1장 16절입니다. **"너희를 지나 마게도냐로 갔다가 다시 마게도냐에서 너희에게 가서 너희의 도움으로 유대로 가기를 계획하였으니"** 온다고 해놓고 오지 않는 것, 바울은 말만 하는 사람이라는 것이지요. 정직하지 못한 이중적 사람이라는 겁니다.

거기에 대한 답변이 본문입니다. 뭐 그렇게 말할 수도 있지. 바울이 뭐 그렇게 민감하게 대응하느냐? 할 수 있을 것 같은데, 그렇지 않습니다. 구약에 거짓 선지자의 특징이 나옵니다. 미가서 3장 11입니다. **"…그들의 선지자는 돈을 위하여 점을 치면서도 여호와를 의뢰하여 이르기를 여호와께서 우리 중에 계시지 아니하냐 재앙이 우리에게 임하지 아니하리라 하는도다"** 거짓 선지자는 실제 하나님의 음성을 듣는 척하면서 돈을 위하여 일 한다는 것입니다. 바울도 약속을 하고 그것을 어기는 것을 보면, 자기 이익에 따라 움직이는 사람이라는 것입니다. 그러니까 바울은 거짓 사도가 됩니다. 그럼 바울이 전한 복음이 전부 거짓이 됩니다.

그래서 바울은 왜 자신이 가지 않았는지를 설명합니다. 고린도후서 1장 12절입니다. **"우리가 세상에서 특별히 너희에 대하여 하나님의 거룩함과 진실함으로 행하되 육체의 지혜로 하지 아니하고 하나님의 은혜로 행함은 우리 양심이 증언하는 바니 이것이 우리의 자랑이라"** 하나님의 거룩함과 진실함으로 행하였다는 말은 정직하게 행하였다는 것입니다. 하나님의 은혜로 행했다는 것은 우리가 가지 않은 것은 하나님의 뜻 안에서 가지 않았다는 것입니다. 고린도후서 1장 17절입니다. **"이렇게 계획할 때에 어찌 경솔히 하였으리요. 혹 계획하기를 육체를 따라 계획하며 예 예 하면서 아니라 아니라 하는 일이 내게 있겠느냐?"**

여기서 계획은 재방문하겠다는 계획입니다. 그 계획도 내 생각과 감정대로 한 것이 아니라 하나님의 뜻 안에서 계획하였다는 겁니다.

모순적 상황이 오히려 유익이 됩니다

가만히 들으면 이상합니다. "하나님의 뜻 가운데 갈 것을 계획하였고, 하나님의 뜻 가운데 가지 않게 되었다"고 합니다. 앞뒤가 맞지 않습니다. 이것을 모순이라고 합니다. 그런데 결과는 어떻게 되었습니까? 고린도후서 1장 23절입니다. **"내가 내 목숨을 걸고 하나님을 불러 증언하시게 하노니 내가 다시 고린도에 가지 아니한 것은 너희를 아끼려 함이라."** 너희를 아끼려 한다는 것은 오히려 그것이 너희에게 도움이 되었다는 말입니다. 이렇게 앞과 뒤가 맞지 않은데 그것이 오히려 합당한 일이 됩니다. 이것을 역설이라고 합니다.

성경은 이런 모순적 상황이 역설로 끝날 때가 많습니다. 대표적인 것이 아브라함에게 아들 이삭을 바치라는 하나님의 명령입니다. 하나님의 이 명령은 두 가지 면에서 모순이 됩니다. 이삭은 하나님이 주시겠다고 약속하신 약속의 자녀입니다. 그런데 줘 놓고 죽이라고 합니다. 앞뒤가 맞지 않습니다. 더 큰 모순은 하나님께서 이삭을 주실 때, 그 이삭을 통하여 아브라함의 자손이 하늘의 별과 같이 많아질 것이라고 약속하였습니다. 이삭을 희생제사로 드리면 그 약속은 지켜질 수 없습니다. 그 모순적인 상황을 아브라함은 받아들입니다. 그러자 어떤 일이 일어납니까? 하나님께서는 아브라함의 믿음을 확인하시고 그에게 복을 선포하십니다. 그리고 이삭은 자신의 육신의 아버지를 통해 하나님 아버지를 만납니다. 진정 믿음의 계보를 이어가는 족장이 됩니다. 모순적 상황이 역설 되면서 축복이 되었습니다.

예수님보다 더 모순적인 상황에 들어가신 분이 없습니다. 영원한 생명을 가지신 분이 죽습니다. 만물을 주관하시는 분이 죽임을 당합니다. 구원하러 오신 분이 죽습니다. 그래서 사람들이 십자가에 달린 예수님을 보고, "네가 남을 구원한다고 하면서 어찌 너를 구원하지 못하느냐?" 구원자가 자신도 구원하지 못하고 죽는다는 것이 도무지 이해가 안 됩니다. 그런데 예수님은 그 모순적인 상황에서 어떻게 하였습니까? 고린도후서 1장 19절 말씀입니다. **"우리 곧 나와 실루아노와 디모데로 말미암아 너희 가운데 전파된 하나님의 아들 예수 그리스도는 예 하고 아니라 함이 되지 아니하셨으니 그에게는 예만 되었느니라."** 그에게는 예만 되었다. 앞뒤가 맞지 않는 그 모순을 예수님은 다 받아들였다는 말입니다. 그런데 결과는 어떻게 되었습니까? 로마서 1장 4절입니다. **"성결의 영으로는 죽은 자들 가운데서 부활하사 능력으로 하나님의 아들로 선포되셨으니 곧 우리 주 예수 그리스도시니라."** 예수님께서 모든 사람의 구원자요 주가 되셨습니다. 역설이 일어난 것입니다.

바울은 가려는 계획도, 가지 않게 된 것도 주님의 뜻 안에서 결정하였습니다. 그렇게 한 까닭은 무엇입니까? 고린도후서 1장 18절입니다. **"하나님은 미쁘시니라 우리가 너희에게 한 말은 예 하고 아니라 함이 없노라"** 미쁘시다는 말은 믿을 수 있다는 말입니다. 하나님은 믿을 수 있기 때문입니다.

하나님의 모든 약속은 예수 그리스도 안에서 이뤄졌습니다

사랑하는 여러분! 진정 하나님께 영광을 돌리는 일은 무엇입니까? 고린도후서 1장 20절입니다. **"하나님의 약속은 얼마든지 그리스도 안에서 예가 되니"** 무슨 말입니까? 모든 하나님의 약속은 그리스도 안에서 이뤄졌습니다. 예를 듭니다. 하나님은 우리를 치유하신다고 하였습니다. 성경은 예수님이 십자가에서 우리 대신 상처를 받음으로 우리가 나음을 입었다고 합니다. 하나님은 우리에게 복을 준다고 약속하였습니다. 성경은 예수님께서 우리 대신에 저주를 받음으로 우리가 복 받은 자가 되었다는 겁니다. 하나님은 우리를 인도하신다고 합니다. 예수님께서 십자가에 달려 죽고 부활하셔서 성령을 주심으로 우리는 성령의 인도함을 받습니다. 그렇기에 우리는 성경에서 하신 모든 하나님의 약속이 예수 안에 이뤄졌기에 주님을 붙잡고 살면 됩니다. 그리고 하나님의 모든 약속에 그저 아멘 하면 됩니다. 고린도후서 1장 20절입니다. **"...그런즉 그로 말미암아 우리가 아멘 하여 하나님께 영광을 돌리게 되느니라."** "하나님은 우리를 축복하신다. 아멘," "하나님은 우리를 회복시키신다. 아멘," 이렇게 하나님을 믿고 아멘 하면 그것이 하나님께 영화롭게 하는 일입니다.

바울은 고린도 교인들에게 이 이야기를 하고 싶은 것입니다. '내가 가려는 것도, 가지 않은 것도 모순적이지만 하나님의 계획하심에 따른 것이다. 우리는 신실하신 하나님을 믿으면 된다. 그러면 반드시 하나님께서 약속을 이루실 것이며, 그것이 하나님께 영광 돌리는 것이다.' 히브리서 11장 8-9절입니다. **"믿음으로 아브라함은 부르심을 받았을 때에 순종하여 장래의 유업으로 받을 땅에 나아갈 새 갈 바를 알지 못하고 나아갔으며 믿음으로 그가 이방의 땅에 있는 것 같이 약속의 땅에 거류하여 동일한 약속을 유업으로 함께 받은 이삭 및 야곱과 더불어 장막에 거하였으니"**

말씀 중에 이방의 땅에 있는 것 같이 약속의 땅에 거류하였다고 합니다. 아브라함은 하나님이 주시겠다고 약속하신 땅에 들어왔습니다. 그런데 땅 한 평 갖지 못한 채 거류하였다고 합니다. 거류하였다는 말은 방랑자로 살았다는 말입니다. 아브라함과 이삭, 야곱의 전부 직업이 유목이었습니다. 유목을 할 수밖에 없는 까닭은 땅이 없기 때문입니다. 유목민의 삶의 특징이 무엇입니까? 영어로 유목민은 'nomad'입니다. 또는 'nomade'라고 합니다. no와 made가 합쳐졌습니다. '메이드 인 코리아'라고 할 때 그 메이드입니다. 메이드 인 코리아는 한국 땅에서 만들어진 것인데 노 메이드는 살아갈 수 있는 곳이 하나도 없다는 말입니다. 그런데 하나님께서는 그 땅을 그와 그 자손에게 주신 약속의 땅이라고 합니다. 얼마나 심한 모순입니까? 모순 속에서 아브라함은 생애를 살았습니다. 그렇게 살 수 있는 힘은 하나님을 믿었기 때문입니다. 히브리서 11장 10절입니다. **"이는 그가 하나님이 계획하시고 지으실 터가 있는 성을 바랐음이라"** 하나님은 약속하셨으니 여기에 우리가 살 수 있는 터를 만들고 성을 지을 것이다. 그러나 결국 모순이 역설이 되었습니다.

우리는 모순적 상황에서 하나님은 믿을 수 있음을 고백해야 합니다

이런 글을 읽었습니다. 19세기 말 미국 남부 지방에서 해충 재해로 목화 농사가 초토화된 적이 있었습니다. 범인은 바구니(weevil)라는 벌레였는데 앨라배마에서부터 텍사스까지 남부 전역에 바구니가 번진 것입니다. 남부 농민들은 깊은 좌절에 빠졌습니다. 목화 재배만 한 그들은 어떻게 대처해야 할지를 몰랐던 것입니다. 그럼에도 그들에게는 한 가지 소망이 있었습니다. 하나님에 대한 믿음이었다죠. "이 땅은 하나님이 우리에게 주신 삶의 터전이야! 고작 벌레들 때문에 이곳을 포기할 수 없어!" "여기까지 인도하신 주님이 우리를 그냥 내버려 둘 수 없어!" 한편으로 모순적 상황이지만 그들은 하나님을 굳게 믿었습니다.

그러면서 그 상황을 버텨 갑니다. 그리고 그때까지 재배했던 목화가 아닌 다른 작물을 재배하기 시작하였습니다. 결국 그로부터 20년이 채 지나지 않은 1919년, 그 지역은 세계 최대의 땅콩 생산지가 되었습니다. 다른 말로 하면 지난 20년은 오직 하나님만 믿고 소망을 갖고 살았다는 말입니다. 그 도시가 바로 미국 앨리배마 주의 엔터프라이즈 마을입니다. 앨라배마 카운티에는 여인이 목화 바구미 벌레를 소중하게 들고 있는 동상이 있다고 합니다. 동상에는 이런 글귀가 새겨져 있습니다. "우리는 목화 바구미에 깊은 감사를 표한다. 목화 바구미가 가져다준 시련이 오늘의 우리의 풍요를 만들었기 때문이다."

저의 삶 가운데도 암흑과 같을 때가 있었습니다. 부득불 사역하는 교회에서 갑작스럽게 나와야만 했습니다. 그때 하루하루는 캄캄한 터널 속에 있는 것 같았습니다. 길을 가다 상가에 개척교회만 봐도 부러웠습니다. 저에는 아무것도 없었기 때문입니다. 지금 우리들 중에서도 끝나지 않을 것 같은 터널 속에 있는, 그럼에도 자신에게는 아무것도 없는 그런 노 메이드의 상황에 처하신 분이 있을 줄 압니다. '믿는데 왜 이런가?'라는 모순 속에 계시는 분이 계신 줄 압니다. 하나님은 믿을 수 있는 분이십니다. 하나님을 믿는다는 것은 다른 것이 아닙니다. 나의 주인 되신 예수 그리스도 그분을 신뢰하고 따라가는 것입니다. 그리스도 안에서 모든 하나님의 약속은 이뤄집니다. 반드시 역전의 날이 올 것입니다.

04
살리는 근심, 죽이는 근심

04
살리는 근심, 죽이는 근심
고린도후서 2:1-4

1 내가 다시는 너희에게 근심 중에 나아가지 아니하기로 스스로 결심하였노니 2 내가 너희를 근심하게 한다면 내가 근심하게 한 자밖에 나를 기쁘게 할 자가 누구냐 3 내가 이같이 쓴 것은 내가 갈 때에 마땅히 나를 기쁘게 할 자로부터 도리어 근심을 얻을까 염려함이요 또 너희 모두에 대한 나의 기쁨이 너희 모두의 기쁨인 줄 확신함이로라 4 내가 마음에 큰 눌림과 걱정이 있어 많은 눈물로 너희에게 썼노니 이는 너희로 근심하게 하려 한 것이 아니요 오직 내가 너희를 향하여 넘치는 사랑이 있음을 너희로 알게 하려 함이라

앞에서 바울이 고린도 교회를 방문하였을 때 다시 방문하겠다고 약속했지만 결국 그 약속을 지키지 않고 에베소로 돌아갔고 그러므로 비판을 받게 되었다고 말씀드렸습니다. 오늘 본문은 그때 재방문하지 않은 까닭을 설명합니다. 고린도후서 2장 1절입니다. **"내가 다시는 너희에게 근심 중에 나아가지 아니하기로 스스로 결심하였노니"** 고린도 교인들 중에 누군가가 바울을 근심시켰던 것입니다. 근심은 문제로 인하여 눌려 있는 괴로운 마음입니다. 그럼 무엇이 바울을 그렇게 근심시켰을까? 근심이란 단어가 헬라어로 '뤼페오(λυπεω)'인데 능동형으로 사용할 때, 근심

은 '화나게 하다. 모욕감을 주다'는 의미입니다. 고린도 성도가 바울을 근심케 하였다는 말은 바울을 모욕하고 화나게 했다는 말이거든요. 정확히 그 내용은 없습니다. 학자들 중 상당수가 동의하기는 유대주의자인 성도 한 사람이 바울의 권위에 도전을 하고 반대를 하였다는 것입니다.

바울의 괴로움을 이렇게 생각하면 조금 이해가 됩니다. 성도 중 한 명이 나를 반대하고 모욕한다고 생각해 보세요. 나보고 목회자 자격이 없다고 말을 합니다. 그러면 설교도 무시하지 않겠습니까? 내가 무슨 일을 계획하면 반대하고 나섭니다. 그리고 성도들을 자기를 따르도록 설득시킵니다. 어떻겠습니까? 바울은 훨씬 더 심하였습니다. 거기다가 고린도 성도들이 그렇게 바울을 반대하는 자를 나무라면 좋겠는데 오히려 변호합니다. 내버려 둡니다. 그 사람으로 인하여 목회가 안 되며, 교회가 세워지지 않는 모습을 봅니다. 마음이 얼마나 눌리겠습니까? 근심하지 않을 수 없을 것입니다.

바울은 그런 근심을 가지고 갈 수 없다고 합니다. 가도 사역이 제대로 될 리 만무합니다. 무엇보다 가면 그 사람을 엄히 다스릴 수밖에 없습니다. 고린도 교인들은 그와 관계를 맺고 있는데 그를 엄히 다스리면 고린도 성도들과 바울과의 관계도 깨어질 수 있습니다. 그것은 오히려 고린도 성도들을 근심시킬 수도 있습니다. 2절 말씀이 그 말씀입니다. "**내가 너희를 근심하게 한다면 내가 근심하게 한 자밖에 나를 기쁘게 할 자**

가 누구냐" 조금 어려운 말씀입니다. 너희들을 통해서 기쁨을 얻어야 할 내가 너희들을 근심하게 해서야 되겠느냐는 말입니다. 바울이 근심 가운데 가면 결국 더 큰 근심이 교회에 일어날까 봐 가지 않았다는 것입니다.

하나님의 뜻대로 하는 근심은 영혼을 살립니다

그런데 결과적으로 바울의 근심이 바울의 권위에 도전했던 그 한 사람을 돌아오게 만들며 나아가서 고린도 성도들의 믿음을 더욱 성장시킵니다. 어떻게 그렇게 되었을까요? 고린도후서 7장 10절입니다. "**하나님의 뜻대로 하는 근심은 후회할 것이 없는 구원에 이르게 하는 회개를 이루는 것이요 세상 근심은 사망을 이루는 것이니라**" 바울은 하나님의 뜻대로 하는 근심이었기에 그렇다는 것입니다. 세상 근심이었다면 그런 일은 일어날 수 없었다는 것입니다.

하나님의 뜻대로 하는 근심과 세상 근심이 있습니다. 근심의 종류를 말함이 아닙니다. 교회로 인한 근심은 하나님의 뜻대로 하는 근심이고 사업을 근심하면 세상 근심이고 그것이 아닙니다. 교회로 인한 근심도 세상 근심이 될 수 있고 사업의 근심도 하나님의 뜻대로 하는 근심이 될 수 있습니다. 하나님의 뜻대로 하는 근심과 세상 근심이란 근심을 대처하는 자세에 따른 구분입니다. 하나님의 뜻대로 하는 근심은 예를 들면 이렇습니다. 자녀가 큰 어려움에 봉착합니다. 그러나 그의 아버지는 모든 것을 해결할 수 있는 능력을 가진 분입니다. 자녀는 어떻게 하면 됩니까? 이것은 여러분들도 알고 있습니다. 아버지께 가서 다 이야기하면 됩니다. 그냥 가서 다 이야기하면 됩니다. 그리고 아버지의 도움을 요청하면 됩니다. 그럼 아버지는 어떻게 합니까? 자녀에게 이렇게 해라, 저렇게 해라 몇 가지를 지시할 것입니다. 그것은 자녀가 감당할 수 있는 일입니다. 나머지는 누가 알아서 하겠다는 말입니까? 아버지가 하겠다는 것입니다. 그럼 자녀는 아버지의 지시에 따라 움직이면 됩니다. 아버지를 하나님으로 바꿔 생각하시면 됩니다.

우리에게 근심이 왔습니다. 우리는 하나님의 자녀요 주의 종입니다. 나의 주인은 나를 위해 생명을 주신 분입니다. 그렇기에 나는 가서 그저 아뢰면 됩니다. 그리고 주님이 지시하는 사항을 따르면 됩니다. 하나님의 뜻대로 하는 근심은 자신의 근심을 주님께 아뢰고 그 음성을 듣고 순종할 때입니다. 세상 근심은 그저 자신이 생각과 의지로 근심을 해결해 나가려고 할 때 사용하는 말입니다.

하나님의 뜻대로 하는 근심은 근심을 주님께 아뢰며 그 지시를 받는 근심입니다

살아가는 가운데 근심거리가 없을 때가 있습니까? 우리는 그 모든 근심을 내 주인 되시는 주님께 아뢰면 됩니다. "근심 걱정 무거운 짐 아니 진 자 누군가 피난처는 우리 예수 주께 기도드리세" 그곳에는 회복되고 살아나는 역사가 일어납니다. 세상 근심의 특징이 있습니다. 자신에게 짐을 지운 자와 그 환경에 먼저 성을 냅니다. 코로나 19의 상황에서 누군가 주의하지 않아 다른 사람을 감염시키면 분노의 댓글이 무수히 달립니다. 생업도 힘들고, 자녀교육도 힘든 가운데 있는데 그 사람으로 인하여 더 힘들어지는 것입니다. 자기가 어떻게든 문제를 풀어가야 하는데 그 뜻대로 되지 않으니까 성을 내는 것입니다. 대부분 사람들은 성부터 냅니다. 세상 근심을 하고 있는 것이지요. 세상 근심은 모두를 죽입니다. 야고보서 1장 20절은 외워 두시면 좋습니다. **"사람의 성내는 것이 하나님의 의를 이루지 못하니라."**

자신 맘대로 자신을 평가하고 자신의 권위에 도전하고 교회를 어렵게 하는 그 사람에 대하여 바울은 분노할 수 있습니다. 그러나 바울은 주님의 종입니다. 종은 무거운 짐이 오면 주인께 아룁니다. 그리고 주인의 지시를 따릅니다. 그때 주님이 주신 감동이 무엇입니까? 그 한 사람을 고린도 교인들이 징계하도록 하라는 것입니다. 한편으로 무거운 내용입니다. 그러나 바울은 자신의 제자 디도에게 그렇게 하도록 눈물로 편지를 써서 보냅니다. 결과가 어떻게 되었습니까? 여기 고린도후서 2장 6절입니다. **"이러한 사람은 많은 사람에게서 벌 받는 것이 마땅하도다."** '이러한 사람'은 단수로 기록되었는데 바울을 대적한 한 사람입니다. 많은 사람에게서 벌 받는 것이라고 하는데, 이 말은 고린도 교회가 공개적으로 그 사람에 대한 문제를 의논하고 징계를 한 것입니다. 그리고 그 한 사람은 어떻게 되었습니까? 고린도후서 2장 7절입니다. **"그런즉 너희는 차라리 그를 용서하고 위로할 것이니 그가 너무 많은 근심에 잠길까 두려워하노**

라." "그런즉 차라리 너희는 그를 용서하고" 그 사람이 회개하였다는 것입니다, 그래서 교인들에게 용서해 주라고 한 것입니다. 한 사람이 돌아온 것입니다.

그리고 고린도 교인들의 믿음이 더욱더 온전해졌습니다. 그들은 바울의 말에 순종하면서 그 일을 행하였습니다. 그리고 그 사람의 잘못을 분명히 자각하였습니다. 그전에는 별로 바울을 변호하지 않은 그들인데 죄에 대한 자각이 생겼습니다. 그런 그들에게 바울은 또 다른 요청을 합니다. 고린도후서 2장 8절입니다. **"그러므로 너희를 권하노니 사랑을 그들에게 나타내라"**

여기서 나타내라는 말은 법률용어입니다. 문서를 작성한 다음 틀림이 없다는 확인 도장을 찍듯이 그렇게 확인하라는 말입니다. 이 말은, 교회가 이제 공식적으로 그 사람을 사랑하라는 것입니다. 그에 대한 정죄, 비난을 하지 말라는 것, 그를 받아들이고, 용납하라는 것입니다. 그렇게 해야 하는 까닭이 무엇입니까? 7절 말미를 보면 계속 징계 상태에 있으면 그가 근심에 잠긴다고 합니다. 무슨 말입니까? 그는 회개하였습니다. 그럼에도 사람들이 그를 죄인 취급하면 그것은 그 사람을 짓누르는 짐이 됩니다. 그 사람에게 근심이 됩니다. 그것이 너무 심하면 그 사람은 교회에서 나갈 수 있습니다. 당시 교회에서 나간다는 것은 세상으로 나가는 것입니다. 그것은 마귀가 원하는 일입니다.

주님께서 죄인인 우리를 용서하였다면 우리 또한 용서하여야 합니다. 고린도 교인들이 계속 용서하지 않고 있다면 그것은 주님을 따르는 것이 아니라 마귀의 다스림을 받고 있습니다. 이 시간 행여 용서하지 못한 자가 있다면 주님이 나를 용서하신 것을 기억하면서 용서를 선포하시길 축복합니다. 징계의 과정을 통하여 고린도 교인들 또한 죄를 더 자각하고, 주님의 사랑을 배웁니다. 그들의 믿음도 더욱 성숙하게 되었습니다. 하나님의 뜻대로 하는 근심은 이렇듯 살립니다. 회복을 가져옵니다.

우리는 늘 기도의 자리에 가야 합니다

과거 아파트 공사 현장 일로 오산 지역에 내려왔다가 우리 교회에서 잠깐 신앙생활하시다 공사가 끝나면서 다시 서울로 가신 안수집사님 한 분이 계십니다. 이분은 자신이 봉착한 문제에 대해서 어떻게 해야 할지 저에게 자주 물어왔고 지금도 가끔 합니다. 지난 목요일 이런 문자가 왔습니다. "정말 고민되는 것이 있습니다. 같이 일하는 분이 자기 할 일을 안 하고 자꾸 제게 미룹니다. 참고 지금껏 해 왔는데 저를 우습게 봐서 그런지 속이 상합니다. 저의 착함을 이용하는 느낌이 듭니다. 계속 주님을 나타내는 마음으로 참고 해 줘야 하는지, 아니면 얘기를 하고 저도 제 할 일만 해야 하는지 판단이 안 섭니다." 사람으로 인한 근심이 온 것입니다. 여러분들이 답을 해 보시기 바랍니다. 어떻게 하면 됩니까? 말할 필요 없이 자신이 풀 수 없는 무거운 짐을 주인 되시는 주님께 아뢰어야 합니다. 그 일이 그를 살리기 위한 주님의 뜻이었는지 알 수 없기 때문입니다.

모세가 광야 40년을 불평과 불만 많은 이스라엘 백성들을 인도합니다. 한 번은 그가 시내산에 십계명을 받으러 올라갔을 때, 산 밑에 이스라엘 백성들은 금송아지를 만들어 섬깁니다. 기가 막힐 일입니다. 그 일로 하나님께서는 이제 이스라엘 백성들과 함께하지 않겠다고 선포합니다. 날마다 불평하며 하나님을 떠나는 이스라엘 백성들, 그러므로 늘 징계를 받습니다. 모세의 근심거리입니다. 하나님마저 그들을 떠나시겠다고 합니다. 이보다 더 큰 근심이 어디에 있습니까? 그런 사건이 있을 때 모세가 어떻게 했는지 출애굽기 33장 7-9절에 나옵니다. **"모세가 항상 장막을 취하여 진밖에 쳐서 진과 멀리 떠나게 하고 회막이라 이름하니 …회막으로 나아갈 때에는 백성이 다 일어나 자기 장막 문에 서서 모세가 회막에 들어가기 까지 바라보며 모세가 회복에 들어갈 때에 구름 기둥이 내려 회막 문에 서서 여호와께서 모세와 말씀하시니."** 회막은 '하나님을 만나는 곳'이라는 뜻입니다. 모세는 회막에 들어가서 늘 하나님께 자신의 무거운 짐과 근심을 아룁니다. 하나님이 또한 말씀합니다. 출애굽기 33장의 결과는 놀랍습니다. 그곳에서 모세는 하나님의 뒷모습을 봅니다. 성경 역사에 예수 그리스도 외에 하나님의 실제를 한 부분이나마 본 사람은 모세밖에 없습니다. 그리고 그 기도로 이스라엘은 다시 살아납니다. 모세는 그 힘으로 40년의 광야생활을 이깁니다. 근심이 그를 살린 것입니다.

근심을 다 주님께 아뢰는 이 일을 실제로 해야 합니다. 기도입니다. 한 산부인과 의사가 겁에 질린 산모를 안정시키려 했습니다. 출산의 두려움에 압도되어 떨고 있는 산모에게 이렇게 조언했습니다. "심호흡을 해 보세요. 심호흡" 확신에 찬 의사의 말에 산모는 순종했습니다. 그리고 이렇게 소리쳤답니다. "심호흡, 심호흡, 심호흡" 산모는 실제 심호흡을 하지 않고 의사의 말을 따라 하는 것입니다. 여러분들이여, 기도하는 것, 누가 모르나요. 그러나 많은 성도들은 기도해야 한다는 말만 합니다. 아닙니다. 실제 기도의 현장에 있어야 합니다. 이 세상 살면서 어떻게 근심이 없을 수 있겠습니까? 그 근심을 통하여 하나님은 자신의 뜻을 이루며 우리를 살릴 계획을 갖고 계십니다. 이 은혜가 있음을 알고 우리의 모든 근심은 하나님의 뜻대로 하는 근심이 되기를 축복합니다.

"그 두려움이 변하여 내 기도되었고 전 날의 한숨 변하여 내 노래되었네 주님을 찬송하면서 할렐루야 할렐루야 내 앞길 멀고 험해도 나 주님만 따라가리."

05
주님께서 일하셔야 합니다

05
주님께서 일하셔야 합니다
고린도후서 2:12~17

12 내가 그리스도의 복음을 위하여 드로아에 이르매 주 안에서 문이 내게 열렸
으되 13 내가 내 형제 디도를 만나지 못하므로 내 심령이 편하지 못하여 그들을
작별하고 마게도냐로 갔노라 14 항상 우리를 그리스도 안에서 이기게 하시고
우리로 말미암아 각처에서 그리스도를 아는 냄새를 나타내시는 하나님께 감사
하노라 15 우리는 구원 받는 자들에게나 망하는 자들에게나 하나님 앞에서 그
리스도의 향기니 16 이 사람에게는 사망으로부터 사망에 이르는 냄새요 저 사
람에게는 생명으로부터 생명에 이르는 냄새라 누가 이 일을 감당하리요 17 우리
는 수많은 사람들처럼 하나님의 말씀을 혼잡하게 하지 아니하고 곧 순전함으로
하나님께 받은 것 같이 하나님 앞에서와 그리스도 안에서 말하노라

앞에서 바울이 고린도 교인 중 한 사람을 교회가 공식적으로 징계할 것
을 디도 편에 편지를 써서 보냈다고 하였습니다. 디도를 보낸 다음 디도
가 돌아올 때쯤 바울이 드로아로 갑니다. 두 가지 목적 때문입니다. 하
나는 복음을 전하는 것입니다. 고린도후서 2장 12절 말씀을 보겠습니
다. **"내가 그리스도의 복음을 위하여 드로아에 이르매 주 안에서 문이
내게 열렸으되"** 문이 내게 열렸다는 말은 복음을 전할 기회가 왔다는 뜻

이 아닙니다. 이 비유는 하나님께서 자기 백성들의 노력을 놀라운 성공으로 축복하셨다고 할 때 사용하는 말입니다. 바울이 그곳에서 복음을 전하자 많은 사람들이 예수를 믿게 되었다는 말입니다. 그런데 마음이 편치 않습니다. 고린도후서 2장 13절입니다. **"내가 내 형제 디도를 만나지 못하여 내 심령이 편하지 못하여"** 드로아에 간 또 하나의 목적은 그곳에서 디도를 만나기로 약속하였던 것입니다. 디도가 나타나지 않자 바울의 마음에는 초조함과 불안 두려움이 일어났습니다.

고린도 교인들이 바울이 보낸 서신에 따라 순종할지 안 할지 모르기 때문입니다. 징계한 그 사람도 회개하고 돌아올지 안 돌아올지 모릅니다. 오히려 반대의 상황이 일어날 수 있습니다. 그들이 반발해서 도리어 바울과의 관계를 끊을 수도 있습니다. 바울은 고린도 교회를 유난히 사랑하였습니다. 그렇기에 잘못된 결과가 올까 봐 불안과 초조했던 것입니다. 하루속히 소식을 듣고 싶은데 디도가 오지 않자 바울은 디도가 오는 길목인 마게도냐 빌립보 지역으로 건너갑니다. 그곳에서 바울은 디도를 만나고 그 결과를 듣습니다. 고린도 교회가 순종하여 징계를 하였고 징계한 그 사람도 회개하였다는 것입니다,

바울의 마음이 어떻겠습니까? 고린도 성도들이 자신을 사도로 여전히 따르고 있음을 보면서 불안과 초조함이 물러가고 심령에 위로와 기쁨이 채워졌습니다. 고린도후서 7장 5절 이하에 나와 있습니다. **"우리가 마게도냐에 이르렀을 때에... 그가 온 것뿐이요 오직 그가 너희에게서 받은**

그 위로로 위로하고 너희의 사모함과 애통함과 나를 위하여 열심 있는 것을 우리에게 보고함으로 나를 더욱 기쁘게 하였느니라."

고린도 교회가 바울의 말을 따른 것은 주님이 하신 일이었습니다

바울이 내린 그 결정은 주님의 뜻에 따라 한 근심 즉, 주님이 결정한 일입니다. 그렇다면 이 결말은 자신이 만들어 낸 결말이 아닙니다. 주님이 이루신 일이 분명합니다. 그래서 바울은 확신에 차서 다음과 같이 외칩니다. 고린도후서 2장 14절입니다. **"항상 우리를 그리스도 안에서 이기게 하시고"** 이것을 원어에 더 가깝게 번역하면, '이기게 하시고'는 '뜨리함뷰 오(θριαμβε ω)'인데 원뜻은 '개선 행진에 끌고 가다' 입니다. 그렇다면 '항상 우리를 그리스도 안에서 개선 행렬에 끌고 가시고'입니다. 우리는 주님이 이겨놓으신 승리의 개선 행진에 참여할 수 있다는 것입니다. 즉 주님이 이뤄놓으신 승리의 기쁨을 함께 누릴 수 있다는 말입니다. 그렇습니다. 주님이 우리의 일을 해 주셔야만 합니다. 주님이 우리의 자녀를 키워주어야 합니다. 주님이 우리의 교회를 부흥시켜 주어야만 합니다. 주님이 내 생업을 지켜주어야만 합니다. 그래야만 우리는 기쁨과 위로를 얻습니다.

코로나가 가정, 교회 그리고 사회에 충격을 주고 있습니다. 교회로 예를 들면, 교회의 많은 활동이 멈췄습니다. 그동안 각 교회들은 자신들의 교회 활동을 얼마나 자랑하였는지 모릅니다. 우리는 셀을 통해 부흥하였다! 우리는 전도 활동을 통해 부흥하였다! 우리는 좋은 프로그램을 통

해 부흥되었다! 우리는 교회 건물을 통해 부흥되었다! 그래서 많은 교회
는 그 프로그램을 배우길 원했고, 그 체계를 배우길 원했고, 교회를 그렇
게 건축하길 원했습니다. 그런데 코로나가 오자 셀도 멈췄습니다. 프로
그램도, 활동들도, 그 큰 교회의 주차장이 비었습니다. 사실 교회뿐 아닙
니다. 코로나가 지나가자 직장이 폐쇄됩니다. 아예 파산하는 사업장도
있습니다. 많은 자영업자는 이 상태가 지속되면 가게 문을 닫아야 한다
고 아우성입니다. 다른 재난이 왔을 때도 그런 유사한 일은 부분적으로
일어났습니다. 그러나 지금처럼 광범위하게 퍼진 적은 없습니다. 그래서
여러 학자들은 앞으로 세계는 다른 세상이 될 것이라고 말을 합니다. 목
회자들은 목회자대로, 경영자는 경영자대로 초조하며 불안해하고 있
습니다.

　　그러나 지금은 무엇보다 주님의 음성을 들어야 합니다. 우리의 활동
을 무너뜨림으로 무엇을 말씀해 주고 있습니까? 우리가 우리의 삶을 온
전하게 세울 수 있는 자가 아님을 확인시켜 주는 것입니다. 우리들이 우
리들의 삶에 기쁨과 위로를 가져올 수 있는 자가 아님을 보여주고 계십니
다. 오직 삶의 주인이신 주님이 우리 일을 하실 때 그때 비로소 우리의 삶
은 위로와 기쁨으로 채워지는 삶을 살 수 있음을 지금 말씀하고 있습니
다. 교회의 부흥도 주님이 일을 하서야 합니다. 사도행전 2장 41절입니
다. **"그 말을 받은 사람들은 세례를 받으매 이 날에 신도의 수가 삼천
이나 더하더라."** 문장이 수동태입니다. 더하더라고 하였으니 누가 더하
게 하였을까를 물어야 합니다. 2장 47절에 기록이 되었습니다. **"주께서**

구원 받은 사람들을 날마다 더하게 하시니라" 주님이 일을 하신 것입니다. 교회 부흥이 그렇다면 세상 모든 일도 마찬가지입니다. 내 자녀 양육도, 생업도 주님이 일을 하셔야 합니다. 그래서 성경은 우리를 향하여 주님이 일을 하실 수 있도록 너희들이 그 일에 힘쓰라고 합니다. 이사야 62장 6절입니다. "예루살렘아 내가 너의 성벽 위에 파수꾼을 세우고 그들로 하여금 주야로 계속 잠잠하지 않게 하였느니라. 너희 여호와로 기억하시게 하는 자들아 너희는 쉬지 말며 또 여호와께서 예루살렘을 세워 세상에서 찬송을 받게 하시기까지 그로 쉬지 못하시게 하라." 운전자가 졸음운전을 할 때 보조석에 앉은 사람이 계속 말을 걸므로 잠을 자지 못하도록 막지 않습니까? 그렇게 하라는 것이지요. 주님이 일을 하실 수 있도록 우리로 하여금 쉬지 말라는 것입니다.

우리의 일은 주님이 일하시도록 하는 것입니다

주님이 일하시도록 하려면 구체적으로 우리가 어떻게 하면 됩니까? '이기게 하시고'의 뜻이 '개선 행진에 끌고 가다'는 의미라고 했습니다. 당시 로마에서 개선 행렬은 자주 있는 일입니다. 개선 행렬의 순서는 정해졌습니다. 가장 앞쪽에 승리한 장군을 환영하는 정부요인이 서고 다음 나팔수에 이어서 전리품과 전쟁포로들 그다음에 향단과 향단 뒤에 승리한 장군과 군사입니다. 다시 확인하면 정부 요인, 나팔수, 전리품, 전쟁포로, 향단, 장군, 군사입니다. 이 중에 끌려가는 사람은 누구입니까? 전쟁포로들입니다. 바울은 자신이 주님께 잡혔다는 것을 개선 행렬의 전쟁포로와 같다고 합니다. 빌립보서 3장 12절입니다. **"오직 내가 그리스도 예수께 잡힌 바 된 그것을"** 정확히 번역하면 "내가 그리스도께 포로로 잡혔으므로"입니다. 포로는 그 행렬들 중에서 가장 비참한 자들입니다. 세상의 놀림거리입니다. 그리고 개선행진이 끝난 다음 어떻게 됩니까? 사형에 처하거나 노예가 됩니다. 바울은 자신이 그와 같은 자임을 고린도전서 4장 9절에서 밝힙니다. **"내가 생각하건데 하나님이 사도인 우리를 죽이기로 작정된 자 같이 끄트머리에 두셨으매 우리는 세계 곧 천사와 사람에게 구경거리가 되었노라."** 바울은 주님이 마치 자신을 죽이기로 작정한 포로와 같은 자로 대하는 것 같은 느낌을 받은 것입니다.

바울은 주님께 포로로 잡혔으므로 자신 주장을 할 수 없습니다. 자기 생명을 지킬 수 없습니다. 아무런 힘도 없는 자입니다. 자신이 이룰 수 있는 것은 아무것도 없습니다. 그렇습니다. 그리스도 안에 있다는 것은 그리스도의 포로가 되었다는 말입니다. 아무것도 이룰 수 있는 능력이 없는 약한 자임을 나타내는 것입니다. 이 고백이 삶에서 무엇으로 나타납니까? 기도입니다. 기도는 연약하기에 오직 주님이 일하셔야만 됨을 고백하는 행동입니다.

약한 자가 되어 기도하는 것만이 주님을 일하시게 하는 일입니다

맨 처음의 제자들 그들은 갈릴리 출신들입니다. 한마디로 당시 주류 세력이 아닙니다. 보통 주류 세력은 상류층입니다. 이들은 지방 중에서도 시골 출신들입니다. 그리고 평민들입니다. 그런 그들에게 주님께서 한 가지를 말씀합니다. 성령을 받으라는 것입니다. 우리가 잘 아는 사도행전 **1장 8절 '오직 성령이 너희에게 임하시면 권능을 받고'**의 핵심은 성령이 임하는 것 즉 하나님이 너희에게 나타나는 것입니다.

주님은 제자들을 향하여 너희가 재능이 있어야 하며, 더 부지런히 활동해야 하며, 더 열심히 살아야 한다고 강조하지 않았습니다. 그들을 향하여 하나님을 받으라고 합니다. 그래서 그들은 오로지 기도에 전념하였습니다. 하나님이 그들에게 나타났습니다. 하나님이 그들에게 역사하셨습니다. 그러자 모든 상황이 달라졌습니다. 세 번 주님을 부인한 베드로가 수천 명의 사람들 앞에서 담대하게 하나님의 말씀을 전합니다.

사도행전 2장에서는 처음 120명이던 성도들이 3천 명으로 늘어났습니다. 3장에서는 베드로와 요한이 예수님의 이름으로 명령하자 앉은뱅이가 일어났습니다. 사도행전 10장에서는 인종과 민족이란 장벽이 무너지면서 복음이 전해집니다. 11장에서는 안디옥 교회가 세워집니다. 12장에서는 베드로가 옥에 갇혔을 때, 예루살렘 교회가 기도합니다. 그러자 옥문이 열리며 매어 있던 쇠사슬이 풀리는 역사가 일어납니다. 사도행전 13장에서는 바울이 여러 도시를 순례하면서 복음을 전하는 곳에 귀신들이 쫓겨나고, 병자들이 치유되며, 심지어 죽은 사람이 일어납니다.

복음주의 신학자 마틴 로이드 존스 목사님은 너무 바빠서 기도할 틈이 없다는 그의 친구에게 이런 말을 했습니다. '나는 너무 바빠서 기도한다.' 바쁘다는 말은 일이 많다는 것입니다. 일이 많으니까 주님이 그만큼 일하시는 것입니다. 그러니 바쁠수록 기도하게 되는 것입니다.

루터는 자신의 오후 강의가 너무 바빠서 오전에 세 시간을 기도하면서 성경 연구를 한다고 합니다. 저 또한 개인적으로 경험합니다. 저의 일은 설교 준비가 대부분입니다. 월요일에서 금요일까지 설교를 준비합니다. 금요일 밤, 저는 주님께 제가 이렇게 설교를 준비하였습니다. 이런 내용입니다. 주님께 알립니다. 그때마다 주님은 새로운 생각을 주시고, 설교의 내용을 새롭게 해 주시는 것을 경험합니다. 그래서 직장인들도 이렇게 살았으면, 사업하시는 분들도 이렇게 살면 좋을까 싶어서 월삭 기도회를 만들어서 자신의 한 달 계획을 주님께 아뢰는 시간을 만들었습니다.

시편 127편 2절 말씀은 기가 막힌 말씀입니다. **"너희는 일찍이 일어나고 늦게 누우며 수고의 떡을 먹음이 헛되도다. 그러므로 여호와께서 그의 사랑하시는 자에게는 잠을 주시는도다."** 우리는 열심히 살아갑니다. 그러나 자신의 능력으로 무언가 이룰 수 있다고 믿으면 그것은 헛됩니다. 하나님께서 사랑하는 자에게 잠을 주신다는 말은 정확히 풀어서 말하면 우리가 잠자는 동안에도 주님이 일하신다는 뜻입니다. 주님이 일하셔야만 우리는 살아갑니다.

모든 활동이 멈춰지는 이 상황은 우리로 하여금 기도의 자리로 돌아가게 하려는 주님의 음성입니다. 그래서 교회도 이제 기도를 중심에 놓고 더 많이 기도하는 교회로 전환해야 합니다. 주님이 일하시도록 하여야 합니다. 주님이 교회 부흥의 문을 열어주십니다. 주님이 내 생업의 문을 열어주십니다. 주님이 내 학업의 문을 열어주십니다. 그러기에 소망이 있습니다. 기도에 대한 결단이 있기를 소망합니다.

06
내 마음에 주님이 살아계시는가?

06
내 마음에 주님이 살아계시는가?
고린도후서 3:1~6

1 우리가 다시 자천하기를 시작하겠느냐 우리가 어찌 어떤 사람처럼 추천서를 너희에게 부치거나 혹은 너희에게 받거나 할 필요가 있느냐 2 너희는 우리의 편지라 우리 마음에 썼고 뭇 사람이 알고 읽는 바라 3 너희는 우리로 말미암아 나타난 그리스도의 편지니 이는 먹으로 쓴 것이 아니요 오직 살아 계신 하나님의 영으로 쓴 것이며 또 돌판에 쓴 것이 아니요 오직 육의 마음판에 쓴 것이라 4 우리가 그리스도로 말미암아 하나님을 향하여 이같은 확신이 있으니 5 우리가 무슨 일이든지 우리에게서 난 것 같이 스스로 만족할 것이 아니니 우리의 만족은 오직 하나님으로부터 나느니라 6 그가 또한 우리를 새 언약의 일꾼 되기에 만족하게 하셨으니 율법 조문으로 하지 아니하고 오직 영으로 함이니 율법 조문은 죽이는 것이요 영은 살리는 것이니라

고린도 후서가 기록된 연대는 서기 56년쯤입니다. 바울로 인해 교회가 세워졌고 그 세워진 교회를 통해 또 다른 교회가 세워지는 때입니다. 당시 이 교회 저 교회 다니면서 말씀을 전하고 돈을 받는 거짓 교사 또는 거짓 선지자들이 있었습니다. 그런 거짓 교사들을 구분하기 위해 교회는 자기 교회에 복음 전도자가 찾아오면 추천서가 있는지 확인을 하였습니다. 추천받은 사람이면 그래도 안심이 되지 않겠습니까? 몇몇 순회 전도

자들이 고린도 교회에 들어왔는데 이들은 유대주의적 기독교인이었습니다. 유교적 기독교인이라고 하면 유교 사상을 중시하면서 예수를 믿는다는 것을 의미하듯이 유대주의 기독교인은 율법을 중시하면서 예수를 믿습니다. 이들은 율법을 통하여 의로워지며, 율법을 지켜야 하나님의 백성이라고 여겼습니다. 그런데 이들은 신뢰할만한 추천서를 지니고 있었습니다. 당연히 고린도 교인들은 그들을 받아들이고 그들의 말을 신뢰하였습니다.

이들이 고린도 교회에서 바울을 공격하였습니다. 바울의 강조점은 율법으로 의로워지는 것이 아니라 믿음으로 의로워지는 것입니다. 그들의 입장과는 완전히 다릅니다. 그래서 공격을 하는데 공격의 빌미로 잡은 것이 추천서입니다. 바울은 자신이 스스로 사도라고 말은 하는데 그것을 증명하는 추천서가 어디에 있느냐는 것입니다. 그가 열두 명의 제자 중 한 사람이라면 모를까, 그렇지 않은데 어떻게 그가 사도임을 알 수 있느냐는 것입니다.

사실 바울에게 추천서를 요구하는 것은 말이 안 됩니다. 주님은 다메섹에 있는 아나니아 선지자를 통해 바울을 이방인의 사도로 세우셨음을 말씀하셨으며, 무엇보다 안디옥 교회가 공식적으로 그를 이방인 선교사로 파송했습니다. 그리고 갈라디아서 2장을 보면, 전도 여행 전 바울이 예루살렘 교회를 방문하였고 그곳에서 제자들과 이야기하고 헤어질 때 제자들은 자신들은 유대인의 사도로 바울은 이방인을 위한 사도로 주님께서 부르셨음을 인정하였습니다. 바울 자신이 사도인데 누구에게 추천서를 받겠습니까? 그런데 추천서를 보여 달라고 합니다. 거기에 대해서 너희가 정 추천서를 보여 달라고 하면 보여줄 수가 있다고 하면서 고린도 교회 성도들, 바로 너희들이 나의 추천서라고 말합니다. 너희들을 보면 내가 주님이 보낸 사도임을 알 수 있다는 겁니다.

바울의 논리는 이러합니다. "너희들이 어떻게 예수를 주로 믿을 수 있었느냐? 너희들의 이성과 이해력으로 믿었느냐? 절대 그럴 수 없다. 구원은 사람의 능력으로 받을 수 있는 것이 아니기 때문이다. 너희가 예수를 주로 믿을 수 있었던 것은 성령이 너희 안에 역사하였기 때문이다. 그런데 성령이 역사하여 너희들이 예수를 주로 믿었을 때가 언제이냐? 내가 너희에게 복음을 전할 때가 아니냐? 만약 나의 복음이 거짓 복음이면, 내가 거짓 사도이면 너희에게 성령이 역사하여 믿도록 하겠느냐? 성령이 역사한 것은 내가 참된 복음을 전하였기 때문이지 않느냐? 그러니 너희들이 예수를 믿고 있는 것 그것이 바로 내가 주님으로부터 너희들에게 보낸 사도임을 입증하는 것이다. 그래서 너희는 나의 추천서"라는 것입니다.

바울은 자신이 전한 복음을 들은 사람들에게 성령의 역사가 일어났음을, 그것이 곧 자신이 참된 사도임을 증명하는 것이라고 말합니다

왜 성령의 역사가 그 기준이 될까요? 예레미야 31장 31절 때문입니다. **"여호와의 말씀이니라 보라 날이 이르리니 내가 이스라엘 집과 유다**

집에 새 언약을 세우리라" 하나님께서 새 약속을 하십니다. 새로운 약속을 한다는 것은 옛 약속이 있다는 것 아닙니다. 예레미야 31장 32절입니다. **"이 언약은 내가 그들의 조상들의 손을 잡고 애굽 땅에서 인도하여 내던 날에 맺은 것과 같지 아니하니..."** 애굽 땅에서 이스라엘을 인도하여 낼 때 모세가 시내 산에서 하나님으로부터 율법을 받았습니다. 율법을 주시면서 그 율법을 지키면 너희는 내 백성이 될 것이라고 약속하셨습니다. 이 언약을 옛 언약, 옛 약속이라고 합니다. 그런데 이제 새 언약을 하겠다는 것이지요. 모세에게 한 옛 언약은 돌판에 기록하였습니다. 그럼 새 언약은 어디에 기록하느냐 예레미야 31장 33절입니다. **"그러나 그 날 후에 내가 이스라엘 집과 맺을 언약은 이러하니 곧 내가 나의 법을 그들의 속에 두며 그들의 마음에 기록하여 나는 그들의 하나님이 되고 그들은 내 백성이 될 것이니라."** 새 언약을 그들의 마음에 기록하겠다는 것입니다.

그럼 마음에 무엇을 넣는다는 말인가? 에스겔 36장 27절입니다. **"또 내 영을 너희 속에 두어 너희로 내 율례를 행하게 하리니 너희가 내 규례를 지켜 행할지니라."** 마음에 성령을 주시겠다는 것입니다. 정리하면, 옛 언약은 모세를 통하여 돌 판에 율법을 주고 그 율법을 지키라고 한 것이며, 새 언약은 우리의 마음에 성령을 주어서 성령님의 역사로 우리가 주님의 말씀을 지키며 살도록 하겠다는 것입니다.

조금 이상하지 않습니까? 처음부터 우리 마음에 성령을 주어서 주님의 말씀대로 살도록 하면 될 텐데 말입니다. 먼저 율법을 줍니다. 왜 이렇게 할까요? 인간의 완악함 때문입니다. 사람은 죄인입니다. 죄인인 까닭은 자기 힘과 능력으로 살아갈 수 있다고 믿기 때문입니다. 그런 자들에게 "너희는 너희 힘으로 살아갈 수 없고 오직 주의 성령으로 말미암아 주의 말씀대로 살아갈 수 있어?"라고 하면 받아들이겠습니까? 성령의 역사로 내가 주님의 말씀대로 살아갈 수 있다고 믿으려면 한 가지 과정을 거쳐야 합니다. 자신의 힘과 능력으로 구원 받을 수도 없고 살 수 없음을 깨달아야 합니다.

그것을 깨닫도록 하기 위해서 먼저 율법을 주시면서 지키도록 한 것입니다. 사람은 율법을 완벽히 지킬 수 없습니다. 계명 즉, 하나님의 법인 율법에 살인하지 말라고 합니다. 주님은 어디까지가 살인이냐고 할 때 미워하는 것까지라고 합니다. 간음하지 말라고 하면서 마음으로 음행을 하는 것도 포함시켰습니다. 우리가 어떻게 우리의 마음까지 조절할 수 있겠습니까? 감정적으로 미움이 일어나고, 음행이 일어나는 것까지 우리가 어떻게 통제할 수 있습니까? 결국, 우리는 율법대로 살 수 없음을 알게 됩니다. 자신의 힘으로 구원받을 수 없음을 깨닫습니다. 오직 나를 구원해 주실 분이 오셔야만 함을 깨닫게 됩니다. 결국, 예수 그리스도를 자신의 주인으로 믿도록 하기 위하여 율법을 주신 것입니다.

그런데 이렇게 믿도록 누가 역사합니까? 여기 고린도후서 3장 3절의 말씀이 그것입니다. **"너희는 우리로 말미암아 나타난 그리스도의 편지니**

이는 먹으로 쓴 것이 아니요 오직 살아 계신 하나님의 영으로 쓴 것이며, 또 돌 판에 쓴 것이 아니요 오직 육의 마음 판에 쓴 것이라." 너희들이 예수를 구주로 믿게 된 것은 너희 안에 성령이 역사한 것이라는 것이죠.

새 언약의 백성은 반드시 성령을 통하여 복음을 받아들여야 합니다

고린도 교인들은 성령의 역사로 그 복음을 받아들였습니다. 성령 하나님의 역사가 일어났다는 것은 바울이 전한 복음은 참된 복음이며, 바울은 참된 사도임을 드러내는 것입니다. 그래서 그들은 바울의 추천서가 됩니다.

본문 설명에 많은 시간을 들였습니다. 주님이 우리에게 주시는 음성은 무엇입니까? 고린도후서 3장 6절 하반 절입니다. "그가 또한 우리를 새 언약의 일꾼 되기에 만족하게 하셨으니 율법 조문으로 하지 아니하고 오직 영으로 함이 율법 조문은 죽이는 것이요 영은 살리는 것이라" '영은 살린다'는 말은 성령께서만 우리를 참된 그리스도인으로 변화시킨다는 것입니다. 그렇다면 반드시 우리는 성령 안에 있어야만 합니다. 그럼 성령의 역사는 무엇일까요? 위에서 보았듯이 주님을 믿게 합니다. 더 구체적으로 보면, 요한복음 14장 26절입니다. "보혜사 곧 아버지께서 내 이름으로 보내실 성령 그가 너희에게 모든 것을 가르치고 내가 너희에게 말한 모든 것을 생각나게 하리라." 성령은 주님의 말씀과 주님의 마음 그리고 주님이 주시는 사명을 생각나게 합니다. 어떤 사람이 계속 생각나는 것은 그 사람이 마음에 살아 있는 것 아닙니까? 성령은 내 안에 주님이 살아계시도록 만듭니다. 그럼 성령 안에 있다는 것은 결국 무엇을 말합니까? 내 안에 주님이 계심을 믿고 계속 주님을 생각하며 사는 것입니다. 그럼 주님이 결국 내 삶에 역사하십니다. 그래서 성령은 나를 살립니다.

유기성 목사님의 책에서 읽은 간증의 내용입니다. 어느 권사님이 권사 취임을 할 때 권사 직분을 받기에 거리끼는 큰마음의 눌림이 있었다고 하는데, 그것은 동서인 형님을 미워하고 용서하지 못하는 마음 때문이었습니다. "아버님을 모시는 문제로 동서와 마음이 불편해져 시댁 일에 신경을 쓰지 않는 형님네가 미웠습니다. 지난 설부터는 왕래도 하지 않았습니다. 이런 저의 모습을 보며 내가 이런데 무슨 권사 직분을 받나 싶은 생각이 들었습니다. 하지만 주님을 바라볼 때 아파하시는 주님의 마음이 느껴지며 형님을 용서하고 사랑하라는 마음을 주셨습니다. 그래서 순종함으로 용기를 내어 형님께 진심으로 용서를 구했습니다. 그러자 형님도 자기 때문에 형제들 간에 다투고 분열된 것을 용서해 달라고 하셨습니다."

또 다른 간증입니다. "아들은 고등학교에 입학하고 학교에 적응하지 못해 자퇴하겠다고 하였습니다. 점점 잘 못되어지는 아들의 일로 견딜 수 없이 힘든 나날들을 보낼 때에 주님을 바라보며, 주님이 반드시 선한 길로 인도하실 거라는 믿음을 가졌더니 두려움과 염려가 사라졌습니다. 그러자 주님은 아들의 마음을 만지기 시작했습니다. 제발 고등학교만 졸

업하게 해달라고했던 아들이 지각, 결석, 조퇴를 한 번도 하지 않았고, 원하던 대학에 합격하였습니다. 아들도 놀라고 남편 또한 놀랐습니다. 이 모든 것을 우리 주님이 하셨습니다." 이 권사님이 성령으로 살아가므로 자신도 남편도 가정도 살렸습니다.

주님이 내 안에 살아계시도록 하여야 합니다

어느 날 심방을 갔는데 마침 그곳에 믿지 않는 분이 계시기에 조금 대화를 나누면서 교회 나가시라고 권유를 하였습니다. 그러자 그분이 자신은 교회엘 나가지 않겠다고 합니다. 까닭인즉 자신의 동서가 교회는 열심히 다니는 것 같은데 시댁과 형제들에게 너무 잘못한다고 말합니다. 그 동서 때문에 교회 나가고 싶은 마음이 없다는 것입니다.

또 한 분과 통화를 하는 중 자신의 남편이 완강하게 교회 다니는 것을 싫어한다는 말을 들었습니다. 까닭인즉, 그 남편은 미션스쿨의 교사이었으며, 나름 능력을 인정받아 학교 행정에 깊이 관여하게 되었다고 합니다. 그런데 미션스쿨인 학교의 행정이 너무 부정직하고, 불합리한 면이 많더라는 겁니다. 우리는 이런 이야기를 심심찮게 듣습니다. 분명히 열심히 믿는 것 같습니다. 그러나 열심히 교회 다니는 것 외에는 믿는 자의 참된 모습이 없습니다. 이러한 가장 큰 이유는 율법주의자와 같이 자기 안에 주님이 살아계시지 않은 채 열심을 냈기 때문입니다. 성령의 역사가 없는 삶입니다. 그리스도인으로서 생명력이 없는 삶의 모습입니다.

여러분! 예수를 진실로 믿습니까? 주님이 내 안에 살아 있는 자로 살아야 합니다. 늘 주님을 생각하시며 주님의 뜻과 마음을 읽으시면서 순종하시기 바랍니다. 반드시 그렇게 살아야 합니다. 그 일을 위해 성령을 우리에게 주셨습니다. 그러면 주님이 우리를 변화시키며 삶을 바꿔놓을 것입니다. 우리를 살립니다. 이 은혜가 있기를 소망합니다.

07
진짜 믿음으로 돌아가야 합니다

07
진짜 믿음으로 돌아가야 합니다
고린도후서 4:1-6

1 그러므로 우리가 이 직분을 받아 긍휼하심을 입은 대로 낙심하지 아니하고 2 이에 숨은 부끄러움의 일을 버리고 속임으로 행하지 아니하며 하나님의 말씀을 혼잡하게 하지 아니하고 오직 진리를 나타냄으로 하나님 앞에서 각 사람의 양심에 대하여 스스로 추천하노라 3 만일 우리의 복음이 가리었으면 망하는 자들에게 가리어진 것이라 4 그 중에 이 세상의 신이 믿지 아니하는 자들의 마음을 혼미하게 하여 그리스도의 영광의 복음의 광채가 비치지 못하게 함이니 그리스도는 하나님의 형상이니라 5 우리는 우리를 전파하는 것이 아니라 오직 그리스도 예수의 주 되신 것과 또 예수를 위하여 우리가 너희의 종 된 것을 전파함이라 6 어두운 데에 빛이 비치라 말씀하셨던 그 하나님께서 예수 그리스도의 얼굴에 있는 하나님의 영광을 아는 빛을 우리 마음에 비추셨느니라

앞에서 옛 언약과 새 언약이 있음을 들었습니다. 옛 언약은 율법을 말합니다. 그 율법을 주신 까닭은 이스라엘 백성들이 자기 힘으로 하나님의 법을 지킬 수 없음을, 그래서 자신들 힘과 능력으로 구원을 받을 수 없음을 깨닫도록 함으로 나중에 구원자인 예수 그리스도를 보냈을 때 예수님을 받아들이도록 하기 위함이었음을 배웠습니다.

새 언약은 우리 마음에 성령을 주셔서 예수 그리스도를 주로 믿도록 하는 것이지요. 성령은 계속 우리로 하여금 예수가 우리의 주인이심을 생각하도록 합니다. 그렇게 예수님을 계속 생각하면 내 마음에는 예수님이 살아계시는 것이지요. 마음에 자기가 가득 채워져 있으면 결국 자기중심으로 삽니다. 예수 그리스도가 우리 마음에 살아 계시면 우리에게는 주님 모습이 나타납니다.

고후 3장 18절을 봅니다. **"우리가 다 수건을 벗은 얼굴로 거울을 보는 것 같이 주의 영광을 보매 그와 같은 형상으로 변화하여 영광에서 영광에 이르니 곧 주의 영으로 말미암음이니라"** 주의 영광을 본다는 것은 만유의 주인 되신 예수님을 늘 생각하는 것을 말합니다. 그럼 우리는 주님과 같은 형상으로 변합니다. 주님의 모습을 닮아갑니다. 고린도후서 4장 1절입니다. **"그러므로 우리가 이 직분을 받아 긍휼하심을 입은 대로 낙심하지 아니하고"** 주이신 예수님을 늘 바라보면 낙심하지 않습니다. 어떤 상황에서든지 힘을 잃지 않습니다. 고린도후서 4장 2절입니다. **"이에 숨은 부끄러움의 일을 버리고 속임으로 행하지 아니하며 하나님의 말씀을 혼잡하게 하지 아니하고 오직 진리를 나타냄으로 하나님 앞에서 각 사람의 양심에 대하여 스스로 추천하노라."** '숨은 부끄러움의 일' 즉 은밀한 가운데 부끄러운 행동, 수치스러운 행동을 하지 않습니다. **"속임으로 행하지 아니하며"** 교묘한 계략으로 다른 사람을 넘어뜨리지 않습니다. **"혼잡하게 하지 아니하며"** 자신의 생각을 넣어서 '지킬 수 있는 말씀이네, 아니네. 오늘 같은 시대에 이 말씀대로 어떻게 살아!'

그렇게 하지 않습니다. 성경의 말씀을 그대로 받아들입니다. **"오직 진리를 나타냄으로"** 진리 안에서 살아가려고 합니다.

예수 믿는 것은 율법을 붙잡고 사는 것이 아닙니다.

위의 이야기는 고린도 교회에 들어와 바울을 공격하는 유대주의 그리스도인들을 염두에 둔 말입니다. 이들은 율법을 지켜야 하나님의 백성이 된다고 여기는 자들입니다. 그런데 그들은 어떻게 살아갑니까? 비겁하게 뒤에서 어떻게든 바울을 깎아내리려 비방하며 계략을 세웁니다. 하나님의 말씀을 그대로 전하는 것이 아니라 자신의 생각을 넣어서 하나님의 말씀을 왜곡시킵니다. 밖으로는 성도와 교회를 위하는 척하지만 결국 자기 욕심을 채웁니다. 율법을 의지하며 신앙생활을 하면 오히려 그는 자기중심의 사람이 됩니다.

이 시대의 교회를 봅니다. 보석같이 빛나는 성도들도 많이 있습니다만 세상은 더 이상 성도들을 성품적으로, 도덕적으로 자신들보다 뛰어난 사람으로 보지 않습니다. 믿는 사업가라고 해서 더 신뢰하지 않습니다. 더 놀라운 것은 성도들조차도 성도들을 미더워하지 않습니다. 왜 그럴까요. 자신도 믿음 생활하지만 변화된 것이 많이 없기 때문입니다. 오늘날 믿는 부모들이 자식들로부터 "우리 부모님은 거룩한 부모님"이라고 일컬어지는 가정이 몇 가정될까요? 요즘 자식들이 오히려 부모를 걱정합니다. 예수를 왜 그렇게 믿느냐고 말입니다.

한국 교회처럼 열심 있는 성도가 세상에 없다고 합니다. 그런데 왜 이럴까요? 예수를 믿으면서도 예수를 주로 삼지 않고 살므로 마음에는 예수가 없는 그런 신앙으로 살고 있기 때문입니다.

율법은 대단히 중요합니다. 그리고 지켜야 합니다. 그러나 율법은 사람의 마음을 변화시키지 못합니다. 세상 도덕을 생각해 보시면 됩니다. 유치원에서 선생님이 아이들에게 친구하고 사이좋게 지내라. 거짓말하지 말라고 가르칩니다. 유치원 아이들이기에 잘 듣는 것 같습니다만 제 욕심, 제 뜻대로 되지 않으면 결국 다툽니다. 세상 어떤 곳에서도 마찬가지입니다. 밖에 있는 계명이 우리의 마음을 변화시키지 못합니다.

보통 제직회는 주일 오후 예배 후에 합니다. 주일 오후 예배에 참석하시는 성도들은 열심히 봉사하는 성도들입니다. 그런데 제직회 때 서로 비방하며 다투는 일들이 교회 안에서 많이 일어납니다. 중직들이 모였음에도 불구하고 세상 사람들이 모였을 때처럼 스스럼없이 성도를 비방합니다. 교회를 비방합니다. 그리고 누군가 자신에 대해 잘못한 말을 하면 참지를 못하며 분노합니다. 열심히 예배하며 말씀대로 살려고 발버둥을 칩니다. 그런데 결국은 자기 성격, 자기 생각, 자기의 감정대로 움직입니다. 그래서 어느 목사님이 이런 말을 하였다고 합니다. "내가 수십 년 목회하면서 집 바치며 충성하는 성도는 많이 보았습니다. 그런데 자기 성격 바치는 성도는 보지 못했습니다."

우리가 잘못 믿은 것입니다. 고린도후서 4장 3절입니다. **"만일 우리의 복음이 가리었으면 망하는 자들에게 가리어진 것이라"** 망하는 자들은 고린도 교회 안에 있는 유대주의적 그리스도인들입니다. 그렇게 믿으면 하나님에게서 떨어진다는 것입니다. 왜 그렇습니까? 그것은 믿음이 아니기 때문입니다.

하나님을 믿는 것은 이 땅에 오신 예수 그리스도가 만유의 주이시며 내 주이심을 받아들이는 것입니다

하나님을 믿는 것은 무엇입니까? 하나님이 보내신 예수 그리스도를 믿는 것입니다. 예수 그리스도를 믿는 것은 무엇입니까? 고린도후서 4장 4절입니다. **"그 중에 이 세상의 신이 믿지 아니하는 자들의 마음을 혼미하게 하여 그리스도의 영광의 복음의 광채가 비치지 못하게 함이니 그리스도는 하나님의 형상이니라."** 그리스도의 영광의 복음의 광채가 무엇인가? 곧이어 말합니다. '그리스도는 하나님의 형상이니라.' 형상은 외양을 뜻하는 단어가 아닙니다. 본질을 일컫는 말입니다. 그리스도가 하나님의 형상이란 말은 그리스도는 하나님이시라는 말씀입니다.

사랑하는 여러분! 하나님은 진정 누구십니까? 온 세상을 지으시고 온 세상을 다스립니다. 온 세상의 주인이십니다. 예수님이 하나님의 형상이라는 말은 고린도후서 4장 5절에서 설명하고 있습니다. **"우리는 우리를 전파하는 것이 아니라 오직 그리스도 예수의 주 되신 것과 또 예수를**

위하여 우리가 너희의 종 된 것을 전파하리라." 이 땅에 오신 예수는 나사렛에서 자란 목수입니다. 육신으로는 요셉과 마리아가 그의 부모입니다. 특별할 것이 없습니다. 그런데 그분은 온 땅을 창조하셨기에 만유의 주인이시고, 만유를 다스리시는 주관자이십니다. 그분이 나를 사랑하시는 나의 주인이십니다. 예수님이 그런 분임을 깨달을 때, 우리는 그리스도의 얼굴에 있는 하나님의 영광을 보는 것입니다. 고린도후서 4장 6절입니다. "어두운 데에 빛이 비치라 말씀하셨던 그 하나님께서 예수 그리스도의 얼굴에 있는 하나님의 영광을 아는 빛을 우리 마음에 비추셨느니라." 하나님의 영광을 본 것입니다. 그러자 내 속에서부터 변화가 일어납니다.

고린도후서 4장 7절을 봅니다. "우리가 이 보배를 질그릇에 가졌으니" 이 보배는 만유의 주이신 예수 그리스도이십니다. 질그릇은 누구입니까? 우리입니다. 왜 질그릇이라고 하였을까요? 잘 깨어지기 때문입니다. 깨어진다는 말은 자기가 주인 노릇 한다는 말입니다. 우리는 질그릇처럼 그렇게 쉽게 깨어집니다. 별것 아닌 환경에, 별것 아닌 문제에, 별것 아닌 일임에도 쉽게 분노하고, 판단하며, 낙심하며 그리고 충성하는 일에서 떠납니다. 얼마나 쉬이 자기 욕심에 끌려 살아갑니까? 자기중심적 삶을 사는 것입니다. 그런데 질그릇 같은 우리가 예수 그리스도가 나의 주이심을 생각하자 예수 그리스도가 우리 안에 살기 시작합니다. 마음에 역사가 일어납니다.

고린도후서 4장 8절입니다. **"우리가 사방으로 욱여쌈을 당하여도 싸이지 아니하며"** 욱여쌈을 당하는 것, 사방에서 압박받는 것입니다. 회사에서도 문제가 터졌습니다. 가정에서도, 건강에서도, 자녀들에게도 문제가 터졌습니다. 이때 신경이 곤두서 있기에 건드리면 폭발을 합니다. 그런데 예수가 내 주이심을 믿고 예수님을 바라봅니다. 주님의 얼굴에 있는 하나님의 영광을 보게 됩니다. 그럼 마음에 빛이 비춰집니다. 환난에도 주님의 뜻이 있음을, 이 고난도 나에게 유익한 것임을, 무엇보다 주님께서 해결해 줄 수 있음을 봅니다. 소망이 일어납니다. 이 일은 누가 일으켰습니까? 내 안에 계신 주님이십니다. 그래서 말합니다. **"답답한 일을 당하여도 낙심하지 아니하며"** **"박해를 받아도 버린 바 되지 아니하며"** **"거꾸러뜨림을 당하여도 망하지 아니하고"** 주님을 바라볼 때 우리 심령에는 역사가 일어납니다.

주 되신 예수 그리스도를 바라보며 살 때 자기 중심성은 힘을 잃습니다

고린도후서 4장 10절입니다. **"우리가 항상 예수의 죽음을 몸에 짊어짐은"** 예수의 죽음을 몸에 짊어졌다는 것은 예수님이 죽으셨을 때 나도 그때 죽었기에 늘 주인 노릇을 하는 내가 죽은 자로 산다는 것입니다. 주되신 주님을 바라보며 주님이 내 안에 살자 주인 노릇을 하는 자기가 힘을 쓰지 못하더라는 겁니다. 빛이 있는 곳에 어떻게 어둠이 옵니까? 자기를 이기며 살게 되더라는 겁니다. 어떤 분은 '나는 원래 화부터 먼저 내는 성격이야. 그런데 뒤끝이 없어!' 아닙니다. 그 성도는 날마다 죄를 짓는 성도입니다. 늘 주님을 생각하고 바라보셔야 합니다. 그 마음에 주님이 살아계시면 죄는 힘을 잃습니다.

어느 한 목사님이 동유럽 공장에 파견 나가 근무하시는 집사님 부부와 함께 식사를 하였습니다. 집사님은 세례를 받자마자 동유럽으로 파견 근무를 나가셨는데, 가족과 떨어져 혼자 지내면서도 세례를 받을 때 고백한 믿음대로 주님과 동행하며 사셨다고 합니다. 늘 주님을 바라봅니다. 도무지 감당할 수 없는 일이 맡겨졌을 때도 주님이 항상 함께하심을 믿고 기도하며 모든 일에 감사하고, 항상 찬양하고, 다른 이들을 섬기며 사셨다고 합니다. 그곳을 다녀가는 이마다 "이런 곳에서 무슨 재미로 사느냐?"고 물어왔지만, 그 때 마다 "주님과 함께 살지요!"라고 웃으며 대답하였다고 합니다. 그곳에서 행복하게 사셨다고 합니다.

진정한 믿음은 다른 것이 아닙니다. 내가 나의 주인이 아님을 기억하며 우리의 참 주인이신 예수 그리스도를 늘 생각하며 내 안에 예수 그리스도가 사시도록 하는 것입니다. 초대 교회는 다른 것을 전하지 않았습니다. "주 예수를 믿으라 그리하면 너와 네 집이 구원을 얻으리라" 이것입니다. 만약 욱여쌈을 당하는 환경에 있는 분이 있으시다면 내가 믿는 예수 그리스도가 만유의 주이심을 깊이 생각하시기를 바랍니다. 우리 모두 참된 믿음으로 살아가시길 바랍니다. 이렇게 살 때 비로소 예배도 봉사도 온전해지며 말씀으로 살아가게 됩니다. 이 은혜가 있기를 축복합니다.

08
고난은 상수이며 축복입니다

08
고난은 상수이며 축복입니다.

고린도후서 4:10~18

10 우리가 항상 예수의 죽음을 몸에 짊어짐은 예수의 생명이 또한 우리 몸에 나타나게 하려 함이라 11 우리 살아 있는 자가 항상 예수를 위하여 죽음에 넘겨짐은 예수의 생명이 또한 우리 죽을 육체에 나타나게 하려 함이라 12 그런즉 사망은 우리 안에서 역사하고 생명은 너희 안에서 역사하느니라 13 기록된 바 내가 믿었으므로 말하였다 한 것 같이 우리가 같은 믿음의 마음을 가졌으니 우리도 믿었으므로 또한 말하노라 14 주 예수를 다시 살리신 이가 예수와 함께 우리도 다시 살리사 너희와 함께 그 앞에 서게 하실 줄을 아노라 15 이는 모든 것이 너희를 위함이니 많은 사람의 감사로 말미암아 은혜가 더하여 넘쳐서 하나님께 영광을 돌리게 하려 함이라 16 그러므로 우리가 낙심하지 아니하노니 우리의 겉사람은 낡아지나 우리의 속사람은 날로 새로워지도다 17 우리가 잠시 받는 환난의 경한 것이 지극히 크고 영원한 영광의 중한 것을 우리에게 이르게 함이니 18 우리가 주목하는 것은 보이는 것이 아니요 보이지 않는 것이니 보이는 것은 잠깐이요 보이지 않는 것은 영원함이라

하나님을 믿는 것은 그가 보내신 예수 그리스도를 믿는 것입니다. 예수 그리스도를 믿는 것은 예수님이 만유의 주인이심을, 그리고 그분이 지금 나의 주인이심을 믿는 것입니다. 그럼 지금 내 안에는 나는 없고 나의 주이신 예수님이 계십니다. 이 사실을 믿는 것이 믿음입니다. 고린도후서

13장 5절입니다. "**너희는 믿음 안에 있는가 너희 자신을 시험하고 너희 자신을 확증하라 예수 그리스도께서 너희 안에 계신 줄을 너희가 스스로 알지 못하느냐 그렇지 않으면 너희는 버림받은 자니라**" 예수 그리스도가 나의 주인으로 내 안에 계신 줄을 알지 못하면 우리는 어떤 자입니까? 버림받은 자입니다. 믿지 않는 자입니다. 본문은 이 사실을 바탕으로 한 말씀입니다. 말씀을 통해 세 가지를 확인합니다.

첫째는 예수를 잘 믿으면 믿음의 고난이 있습니다

예수님을 나의 주인으로 받아들이면 당연히 나는 나의 길이 아닌 예수님의 길, 나의 삶이 아니라 예수님의 삶을 삽니다. 나를 통하여 예수님이 사시는 것, 이것이 믿음 생활입니다. 그럼 한 가지 일이 일어나는데, 예수님은 우리를 구원하기 위해 십자가를 지시기 위해 오셨습니다. 그래서 많은 고난을 받으셨습니다. 그렇다면 내가 죽고 예수가 살면, 내가 주님의 삶을 살면 나에게 무엇이 옵니까? 고난입니다. 사람들은 환경적인 고난, 자신의 잘못으로 인한 고난도 겪지만, 예수 잘 믿으면 믿음의 고난도 있습니다.

바울이 일차 전도 여행 시 첫 번째 목적지인 비시디아 안디옥에서 복음을 전합니다. 어떤 일이 일어납니까? 사도행전 13장 50절입니다. "**이에 유대인들이 경건한 귀부인들과 그 시내 유력자들을 선동하여 바울과 바나바를 박해하게 하여 그 지역에서 쫓아내니**" 여기서 박해는 몽둥이

들고 몰려와서 바울을 죽이려고 하는 것을 말합니다. 다음 지역이 이고니온입니다. 사도행전 14장 5절입니다. **"이방인과 유대인과 그 관리들이 두 사도를 모욕하여 돌로 치려고 달려드니"** 다음은 루스드라입니다. 사도행전 14장 19절입니다. **"유대인들이 안디옥과 이고니온에서 와서 무리를 충동하니 그들이 돌로 바울을 쳐서 죽은 줄로 알고 시외로 끌어 내치니라."** 바울은 가는 곳마다 고난이 따릅니다. 왜 그렇습니까? 주님의 삶을 살기 때문입니다. 자신의 삶을 살면 받지 않아도 될 고난입니다.

실제 우리의 생활을 통하여 확인해 봅니다. 믿지 않는 남편은 자녀가 세상에서 성공하기를 바랍니다. 예수 잘 믿는 아내는 자녀가 거룩한 자녀, 예수를 주인 삼은 자녀가 되길 원합니다. 시험 때입니다. 한시가 급합니다. 학원에서도 거기에 맞춰서 나오라고 합니다. 그러나 아내는 자녀에게 단호하게 말합니다. "주일 예배를 드려야 해!" 남편의 눈에는 그 모습이 거슬립니다. 자녀의 성공을 엄마가 막고 있습니다. 그들 간에 갈등이 일어나지 않을 수 없고, 그것으로 힘들어질 수 있습니다. 아내도 같이 세상적인 삶을 살면 그런 일은 없습니다.

직장을 구하는데 어떻게든 주일을 지킬 수 있는 직장을 구하기 위해서 애씁니다. 그러다 보니 쉬이 직장엘 들어가지 못하며 그 기간이 오래갑니다. 그 힘든 시간은 예수 그리스도를 잘 믿으려고 하다 보니 생긴 것입니다.

진정 주님이 기뻐하시는 삶을 살려면 교회 봉사 당연히 열심히 하여야 합니다. 그런데 그것이 쉽습니까? 직장과 사업의 일만 해도 벅차며 많은 에너지를 소비해야 합니다. 피곤합니다. 그런데 예수님을 주인 삼은 삶을 삽니다. 그렇기에 온 힘으로 봉사합니다. 힘든 일이 아닐 수 없습니다. 그러나 그를 더 힘들게 하는 일이 있습니다. 그렇게 열심히 섬기는데 사람들로부터 이런저런 말을 듣습니다. 그야말로 자신의 진이 다 빠집니다. 교회 봉사 열심히 하려고 해도 고난이 있습니다. 성도들 중에는 "밖에서도 힘들게 사는데 교회에서도 힘들게 살아야 하나?"라고 말씀하십니다. 아닙니다. 예수 잘 믿으면 믿음의 고난이 있습니다.

둘째는 믿음의 고난에는 고난을 능가하는 은혜와 축복이 있습니다

바울은 그런 믿음의 고난을 참 많이 당하였습니다. 거의 2개월에 한 번 죽을 고비를 넘깁니다. 그런데 바울은 그런 고난 중에 고난보다 큰 은혜와 축복이 있음을 발견합니다. 만유의 주이신 주님이 고난 중에 역사하더라는 것입니다.

바울이 복음 전도하다 돌에 맞아 거의 죽게 되었습니다. 바울을 죽인 사람들이 성밖에 바울을 버리자 제자들이 그를 부축해서 성안으로 데리고 들어옵니다. 이튿날 만신창이가 된 몸을 가지고 바울은 다음 선교지인 더베로 떠납니다. 자신을 돌로 친 사람들이 다시 오면 어떻게 하려고요? 그리고 더베에서 전도를 한 다음 자신을 파송한 안디옥 교회로 돌아갑니다. 그런데 어떤 길을 택합니까? 사도행전 14장 20절입니다. **"제자들이 둘러섰을 때에 바울이 일어나 그 성에 들어갔다가 이튿날 바나바와 함께 더베로 가서 복음을 그 성에 전하여 많은 사람을 제자로 삼고 루스드라와 이고니온과 안디옥으로 돌아가서"** 왔던 길을 다시 돌아갑니다. 그곳에는 자신을 죽인 자들이 있는 곳입니다. 그럼 왜 그렇게 다시 거쳐 가기를 원하였을까요? 사도행전 14장 22절 상반 절입니다. **"제자들의 마음을 굳게 하여 이 믿음에 머물러 있으라 권하고"** 그들의 믿음을 격려하기 위해서 그 일을 한 것입니다. 바울은 고난을 받느냐 받지 않느냐가 중요한 것이 아니라 주님의 삶을 사느냐 살지 않느냐가 중요하였습니다.

그런 고난의 삶을 거치면서 결국 3차 전도 여행지인 고린도까지 왔습니다. 그런데 어떤 일이 일어났습니까? 고린도후서 4장 12절입니다. **"그런즉 사망은 우리 안에서 역사하고 생명은 너희 안에서 역사하느니라."** 우리는 고난을 겪었지만, 너희는 살아났다는 것입니다. 바울은 고난 속에 주님이 일하셨음을 알게 되었습니다. 주님의 삶을 사니까 고난도 있지만, 그 고난 가운데 주님이 살아서 역사하시더라는 놀라운 말씀입니다. 가정을 우리는 변화시키려고 합니다. 아닙니다. 내가 힘들더라도 주님의 삶을 살면 주님이 나타납니다. 그러면 가정이 변화됩니다. 내 인생도 마찬가지입니다. 주님의 삶을 사는 것이 힘들지라도 그렇게 살면 내 삶에 주인 되시는 주님이 나타나 역사하십니다. 믿음의 고난 중에는 주님이 나타나셔서 역사하십니다.

고린도후서 4장 14절입니다. **"주 예수를 다시 살리신 이가 예수와 함께 우리도 다시 살리사 너희와 함께 그 앞에 서게 하실 줄을 아노라."** 바울은 주님의 삶을 살 때 고난이 옮을 알았습니다. 고난은 곧 그가 주님 안에 있음을 깨닫게 합니다. 그렇기에 하나님께서 주님을 다시 살리신 것처럼 자신을 다시 살리실 것을 확신합니다. 부활의 영광을 고난을 통하여 깨닫습니다. 주님의 삶을 살기에 고난을 받는다면, 그럼 자신은 반드시 주님과 같은 형상으로 변화여 감을 깨달았습니다. 고린도후서 4장 16절입니다. **"그러므로 우리가 낙심하지 아니하노니 우리의 겉 사람은 낡아지나 우리의 속사람은 날로 새로워지도다"**

셋째는 믿음의 고난에 대한 새로운 시각을 가질 수 있습니다

지금 받는 고난은 잠시임을 영원한 것이 아님을 깨달아야 합니다. 하나님의 궁극적인 목적은 고난을 주는 것이 아닙니다. 우리에게 주님의 생명이 나타나도록 하는 것입니다. 고린도후서 4장 11절입니다. **"우리 살아 있는 자가 항상 예수를 위하여 죽음에 넘겨짐은 예수의 생명이 또한 우리 죽을 육체에 나타나게 하려 함이라."** 그렇다면, 믿음의 고난이 그 목적을 위하여 있다면 목적이 이뤄지면 없어집니다. 고난 자체가 목적이면 계속 지속되겠지만 다른 목적을 위하여 고난이 있기에 고난은 잠시 있다가 없어집니다. 고린도후서 4장 17절입니다. **"우리가 잠시 받는 환난의 경한 것이 지극히 크고 영원한 영광의 중한 것을 우리에게 이루려 함이니"** 저의 목회를 보면서 확신하는 것은 다 지나가더라는 것입니다.

없어지지 않을 것 같지만 믿음으로 살면 다 없어지더라는 것입니다. 잠시입니다.

그리고 고난은 환난의 경한 것입니다. 경하다는 말은 중요하지 않다는 말입니다. 믿음의 고난을 통하여 바울은 주님의 나타나심을 보았고, 자신의 부활을 믿게 되었고 그리고 주의 모습으로 변화해 갑니다. 중한 것은 그것입니다. 고난이 중요한 것이 아닙니다. 고난이 가져온 결과를 보면, 고난은 너무 경한 것입니다. 어떤 분은 고난을 기준으로 봉사할지 말지를 결정합니다. 그분에게 고난은 중한 것입니다. 그러나 고난을 통한 축복을 아는 자들은 축복에 비하면 그 고난은 아주 경한 것입니다.

존 패든 목사님이 계십니다. 그는 스코틀랜드에서 한창 성장하고 있던 교회를 10년 넘게 섬기던 목회자였습니다. 하나님은 그에게 복음에 대해 전혀 알지도 못하는 식인종들이 우글거리는 뉴헤브리디스 군도에 가서 복음을 전하라는 부담을 주셨습니다.

패튼 목사님은 특별한 한 섬으로 들어가고 싶어 했습니다. 20년 전에 두 선교사가 상륙했다가 잡아먹힌 곳이었습니다. 선배 선교사들의 전철을 밟지 말라는 주위의 만류가 빗발쳤습니다. 패튼 목사님은 이렇게 적었습니다. "마음씨 좋은 한 노인 성도는 나를 붙들고는 소리 내어 우셨습니다. 식인종이 살고 있다니까요!, 목사님도 잡아먹을 거라고요!" 존 패튼 목사님은 이렇게 대답했다고 합니다. "딕슨 씨, 머잖아 선생님이 가지고 있던 것을 모두 남겨 둔 채 무덤에 들어가게 될 것입니다. 거기서는 벌레들이 주검을 뜯겠지요. 주님을 섬기다 죽는다면, 벌레가 먹든, 식인종이 먹든 무슨 차이가 있겠습니까? 마지막 때가 되면 선생님처럼 저도 그리스도처럼 깨끗한 몸으로 부활하게 될 것입니다." 그러면서 그 발걸음을 선교지로 옮겼습니다. 무엇을 일러줍니까? 존 패튼 목사님은 고난을 계산하지 않았습니다. 그는 진실로 예수 그리스도를 믿는 자였습니다.

사랑하는 여러분! 우리는 주님의 삶을 사는 자들입니다. 고난을 계산하는 자가 아닙니다. 어떻게 주님의 삶을 살 수 있는지 그것이 우리의 관심입니다. 나는 죽고 오직 예수 그리스도가 사는 자로 사시길 소망하며 그때 받는 힘듦은 오히려 우리를 더 큰 은혜와 축복의 세계로 나가도록 만들 것입니다. 이 은혜가 있기를 소망합니다.

09
왜 천국에 들어가려는가?

09
왜 천국에 들어가려는가?

고린도후서 5:1-10

1 만일 땅에 있는 우리의 장막 집이 무너지면 하나님께서 지으신 집 곧 손으로 지은 것이 아니요 하늘에 있는 영원한 집이 우리에게 있는 줄 아느니라 2 참으로 우리가 여기 있어 탄식하며 하늘로부터 오는 우리 처소로 덧입기를 간절히 사모하노라 3 이렇게 입음은 우리가 벗은 자들로 발견되지 않으려 함이라 4 참으로 이 장막에 있는 우리가 짐진 것 같이 탄식하는 것은 벗고자 함이 아니요 오히려 덧입고자 함이니 죽을 것이 생명에 삼킨 바 되게 하려 함이라 5 곧 이것을 우리에게 이루게 하시고 보증으로 성령을 우리에게 주신 이는 하나님이시니라 6 그러므로 우리가 항상 담대하여 몸으로 있을 때에는 주와 따로 있는 줄을 아노니 7 이는 우리가 믿음으로 행하고 보는 것으로 행하지 아니함이로라 8 우리가 담대하여 원하는 바는 차라리 몸을 떠나 주와 함께 있는 그것이라 9 그런즉 우리는 몸으로 있든지 떠나든지 주를 기쁘시게 하는 자가 되기를 힘쓰노라 10 이는 우리가 다 반드시 그리스도의 심판대 앞에 나타나게 되어 각각 선악간에 그 몸으로 행한 것을 따라 받으려 함이라

바울은 복음을 전하는 과정에서 많은 핍박을 받습니다. 평균 2개월에 한 번꼴로 죽음의 위험에 빠졌다고 했습니다. 또한 한 군데 머물지 않고 계속 걷거나 또는 배를 이용해서 이동하였습니다. 그래서 여러 번 강도와 파선의 위험을 당하였습니다. 거기다가 바울은 질병을 가지고 있었는

데 스스로 육체의 가시라고 부를 정도로 고통을 줬습니다. 고단한 인생이었습니다. 그러니 바울의 겉모습이 어떻게 되었습니까? 바울 자신의 표현대로 낡았습니다. 그런데 바울은 육신이 그렇게 낡아지는 것에 주목하지 않습니다. 오해하지 마셔야 합니다. 바울이 육신을 함부로 사용했거나 몸을 돌보지 않았다는 말이 아닙니다. 다만 고생하면서 몸이 낡아지는 것에 대해서는 신경 쓰지 않았습니다. 왜 거기에는 신경 쓰지 않았을까요?

고린도후서 5장 1절 이하가 설명하는데 1절에는 접속사 '왜냐하면'이 빠졌습니다. 원본대로 접속사를 넣으면 **"왜냐하면 만일 땅에 있는 우리의 장막 집이 무너지면 하나님께서 지으신 집 곧 손으로 지은 것이 아니요 하늘에 있는 영원한 집이 우리에게 있는 줄을 아느니라."** 당시 헬라 사람들은 사람의 몸을 집이나 그릇, 장막 등등으로 표현하였습니다. 앞의 장막 집은 이 땅의 낡은 육신입니다. 뒤의 영원한 집은 부활한 영원한 몸을 말합니다. 낡은 몸이 없어지면 부활의 영원한 몸을 갖기 때문이라는 것이지요. 바울은 그 몸을 갖는 것이 소원이었습니다. 고린도후서 5장 8절입니다. **"우리가 담대하여 원하는 바는 차라리 몸을 떠나 주와 함께 있는 그것이라."** 이렇게 말하면 우리는, '아, 바울이 이 땅에서 육신적으로 너무 많은 고생을 해서 고통이 없는 하늘나라에 가기를 원하는구나!'라고 생각합니다. 과연 그것 때문일까요? 한 번 성경을 살펴봅니다. 육체의 질병이 너무 고통을 주었기에 하나님께 간구를 여러 번 하였습니다. 그러나 주님으로부터 오히려 그 가시를 네 몸에 두는 것이 은혜라는 말을 듣고 육체의 가시는 자신의 약함을 깨닫게 하며, 하나님을 더 의지하며 살도록 하기 위한 도구임을 깨닫습니다. 그런 후부터 바울은 오히려 육체의 가시를 통해 자신이 약해질 때 강해진다고 자랑하였습니다. 육체의 가시로 탄식하지 않았습니다.

바울은 삶이 힘들어서 천국을 소망한 것이 아닙니다.

그럼 선교지에서 받은 환난으로 인하여 바울이 탄식하였을까요? 아닙니다. 바울은 예수님이 살아계셨으면 분명히 자신처럼 그렇게 복음을 전하러 다녔을 것이라고 이렇게 생각하였습니다. 예수님이 살아계셨으면 바울의 걷는 길은 예수님이 걷고 계신 길이었을 것입니다. 그래서 바울은 자신은 지금 주님의 길을 걸으며 주님이 받는 핍박을 받는다고 여겼습니다. 자신을 위해 생명을 내어주신 주님, 그리고 만유의 하나님이신 그분의 길을 자신이 대신 걷습니다. 그것도 사도로 부름 받았기에 걷습니다. 그러니 그 길은 영광의 길입니다. 그래서 자신이 받는 괴로움이 기쁘다고 고백합니다. 골로새서 1장 24절에 이렇게 말합니다. **"나는 이제 너희를 위하여 받는 괴로움을 기뻐하고 그리스도의 남은 고난을 그의 몸 된 교회를 위하여 내 육체에 채우노라"**

실제 바울과 실라가 빌립보에서 복음을 전하다 잡혀 채찍으로 매질을 당하고 옥에 갇힙니다. 옥에서 바울은 무엇을 합니까? 탄식하며 한숨짓는 것이 아니라 찬송하며 감사했습니다. 그는 육신적으로 환난을 너무 받아서 빨리 하늘나라 가야 한다고 하지 않습니다. 그럼에도 바울은 탄식합니다. 본문 2절에서는 **"참으로 우리가 여기 있어 탄식하며"** 4절에서는 **"이 장막에 있는 우리가 짐 진 것 같이 탄식한다."** 바울은 무엇 때문에 탄식을 할까요? 실제 바울이 탄식한 본문이 있습니다. 로마서 7장 24절입니다. **"오호라 나는 곤고한 사람이로다. 이 사망의 몸에서 누가 나를 건져 내랴"** 곤고하다는 말은 '배가 파선을 당하다'는 뜻입니다. 거센 파도를 맞아 배가 깨집니다. 어느 누구도 자신을 구할 수 없습니다. "이제 우리는 이 파도로 말미암아 죽는구나!" 낙담과 절망이 나옵니다. 바울이 지금 나는 지금 죽고 있다고 말을 할 때 그에게 닥친 파도는 무엇입니까? 뒤에 나옵니다. "이 사망의 몸에서 누가 나를 건져내랴" 사망의 몸이 파도입니다. 사망의 몸은 자신의 육신을 가리키는 말입니다.

로마서 7장 23절입니다. **"내 지체 속에서 한 다른 법이 내 마음의 법과 싸워 내 지체 속에 있는 죄의 법으로 나를 사로잡는 것을 보는도다."** 여기 마음의 법은 성령을 말합니다. 성령께서는 나로 하여금 늘 주님을 생각하며, 주님을 바라보며 살도록 합니다. 주님을 드러내는 삶을 살라고 합니다. 그런데 내 안에 다른 법이 있는데 곧 죄의 법입니다. 육신에 남아 있는 죄입니다. 이미 자기는 죽었는데 자꾸만 주님 뜻이 아닌 자기 뜻, 주님 마음이 아닌 자기감정으로 살라고 합니다. 그것이 파도처럼 자신에게 몰아칩니다. 바울은 예수님이 죽었을 때 주인 노릇을 하는 자기가 죽었음에도 불구하고 자기 혈기, 자기 고집, 자기 감정을 따릅니다. 결국 죄를 짓는 것입니다.

바울이 2차전도 여행을 떠날 때, 동행자인 바나바가 1차전도 여행 때 함께 갔던 자신의 조카 마가를 데리고 가자고 합니다. 마가는 1차전도 여행 때 전도 여행길이 힘들어서 바울의 허락도 없이 중도에서 도망간 청년입니다. 바나바의 별명은 위로자입니다. 어떻게든 사람을 세워주려고 노력하는 사람입니다. 마가를 다시 세워주기를 원하였지만, 바울은 그때를 기억해서 안 된다고 합니다. 서로 의견이 갈릴 수 있습니다.

그런데 자기 의견을 두 사람이 고집하다 결국 어디까지 가느냐 하면 사도행전 15장 38-39절에 그 상황이 나옵니다. **"바울은 밤빌리아에서 자기들을 떠나 함께 일하러 가지 아니한 자를 데리고 가는 것이 옳지 않다 하여 서로 심히 다투어 피차 갈라서니 바나바는 마가를 데리고 배 타고 구브로로 가고"** '심히 다투었다'는 말의 원문을 보면 '감정의 격발이 일어났다'는 뜻입니다. 불같이 화를 내며 다퉜습니다. 멱살잡이만 하지 않았지, 그야말로 난투극을 벌인 것이지요. 거기서 바울과 바나바가 헤어집니다. 각각 따로따로 전도 여행을 떠납니다. 바울 또한 육신을 가졌기에 계속된 죄의 유혹을 받았고 그 유혹에 넘어갔습니다. 그는 진심으로 주님을 위해 살기 원합니다. 그런데 땅에 있는 이 육신이 그를 자꾸만 넘어뜨립니다. 그러자 그의 입에서 탄식이 나옵니다. **"오호라 나는 곤고한 사람이로다. 이 사망의 몸에서 누가 나를 건져내랴"** 그러나 그 탄식 가운데 바울이 발견한 것이 무엇입니까? 우리 주님께서 우리의 모든 죄를 다 사하여 주셨다는 것입니다. 우리 몸에는 죄의 습성이 남아 있어 우리를 죄 가운데로 끌고 가려고 하고 우리는 그 유혹에 넘어집니다. 하지만 주님의 보혈로 의로워진 우리들은 육신이 죽어 이 땅을 떠날 때 하나님께서 주님과 같은 영광의 몸으로 우리를 살리심을 깨달았습니다. 하늘에서는 죄 없는 몸, 주인 된 자기가 없는 주님의 몸이 되어 있습니다.

바울이 천국을 소망한 까닭은 거기서는 자신이 주인이 되어 살지 않기 때문입니다.

그러면 거기서는 자기가 주인 되는 삶을 살지 않을 수 있습니다. 죄에 끌려 살지 않습니다. 우리가 천국에 가면 주님과 함께 왕 노릇 합니다. 왕 노릇은 누구를 다스려야 합니다. 그런데 모두가 왕 노릇하면 누가 다스림을 받습니까? 왕 노릇 한다는 말은 우리 몸이 주님과 같은 영광의 몸이 되어 모든 죄를 다스리는 자가 되었다는 것입니다. 육신에 끌려 자기 중심으로 살지 않고 주님의 모습으로 살 수 있다는 것입니다. 고린도후서 5장 3절입니다. **"이렇게 입음은 우리가 벗은 자들로 발견되지 않으려 함이라."** 이렇게 입음은, 즉 주님과 같은 영광의 몸이 되므로 '우리가 벗은 자들로 발견되지 않으려 함이라.' 벗은 자로 발견된다는 것. 아담과 하와 이야기를 생각하시면 됩니다. 아담이 자신이 하나님과 같이 되기를 원하여 선악을 알게 하는 나무의 열매를 먹습니다. 그때 아담의 눈이 밝아져 자신이 벗은 것을 보게 되었습니다. 벗은 자로 발견되지 않으려 한다는 것은 자신이 주인이 되어 산 그런 모습들이 보이지 않기를 원한다는 말입니다.

'내가 왜 천국에 들어가려고 하는 줄 아느냐? 이 땅의 삶이 너무 힘들어서, 이 땅에서 너무 고생을 많이 해서... 아니다! 이 땅에서 나는 주님과 함께 살면서 그 힘든 가운데서도 찬송할 수 있었다. 내가 천국에 들어가려는 까닭은 그곳에 가면 내 몸이 주님과 같이 영광스러운 몸이 되어서, 자기중심으로 살지 않기에 주님을 기쁘시게 하며, 주님을 온전히 드러낼 수 있기 때문이라'는 것입니다.

자기를 사랑하며 사는 것은 몸이 발가벗겨진 것과 같은 수치스럽고 부끄러운 일입니다. 그런데 그렇게 산 흔적이 지워지면 좋겠는데 지워지지 않습니다. 고린도후서 5장 10절입니다. **"이는 우리가 다 반드시 그리스도의 심판대 앞에 나타나게 되어 각각 선악 간에 그 몸으로 행한 것을 따라 받으려 함이라."** 그 몸으로 행한 것, 죄의 흔적이 다 드러납니다.

〈와이미〉의 저자 김춘근 교수라는 분은 급성 간경화에 걸려 6개월의 시한부 생명을 선고받고 기도하러 갑니다. 산에 가서 절박하게 기도할 때, 하나님의 음성이 그의 입술을 통해 흘러나왔습니다. 그것은 네 안에 있는 죄로 인해 네가 죽어가고 있다는 말이었습니다. 그 말이 떨어지자 지금까지 지은 모든 죄가 하나하나 TV 스크린과 같이 그 눈앞에 환상으로 펼쳐지는데, 추상적인 것이 아니라 구체적으로 너무나도 분명하게 눈앞에 나타났다고 합니다. 자신 안에 있는 정욕들, 그리고 상처들로 인한 열등감, 교만함, 미움, 깊숙이 쌓여 있는 한, 지독한 고집, 이기심, 욕심, 정욕이 그의 성품 깊이 자리 잡고 있음을 알았습니다. 그 죄들을 구체적으로 처리하기 위하여 그 목록을 적었는데 무려 52페이지에 달하였다고 합니다. 무엇을 일러줍니까? 하나님이 보여주셨다는 것은 하나님은 기억하고 있다는 말이며, 죄의 흔적은 우리 몸에 남겨져 있다는 것입니다.

바울에게 최고의 영광은 주님의 몸으로 사는 것입니다.

바울이 주님 앞에 갑니다. 자신의 모든 죄가 다 드러납니다. 주님이 자신을 위해 대신 죽으시고 친히 자신의 주가 되어 자신과 함께 사셨는데 그런데 자기가 주인이 되어 살았던 것이 드러납니다. 그것은 너무나 부끄럽고 수치스러운 일입니다. 그것은 자신을 위해 대신 죽으신 주님의 죽음을 헛되이 한 일입니다. 자신의 주인이신 주님을 무시하며 오히려 반역하며 산 모습입니다. 자식이 낳아준 부모를 무시하고 살아도 패륜인데, 그것은 너무나 부끄럽고 수치스러운 일입니다.

바울의 소원은 오직 하나였습니다. 9절입니다. **"그런즉 우리는 몸으로 있든지 떠나든지 주를 기쁘시게 하는 자가 되기를 힘쓰노라"** 자신을 사랑하사 자신을 내어주신 그 주님을 기쁘시게 하는 일입니다. 주님만을 존귀하게 드러내는 일입니다. 100% 자신은 죽고 주님만을 드러내는 삶이 그의 소원이었기 때문입니다. 그럼에도 이 땅에서 살아야 하는 것은 주님이 자신에게 땅의 사명을 맡겨 주었기 때문입니다.

우리는 예수님이 나를 대신해서 죽었기에 나도 죽었음을 믿는 자입니다. 오직 내 안에 예수님만이 주가 되어 계신다는 것을 믿는 자입니다. 우리의 유일한 소원도 한 가지입니다. 나는 없어지고 나를 구원하신 주님만 드러내는 삶입니다. 이러한 목적을 품고, 직장을 다니시고, 사업을 하시고, 가정생활을 하여야 합니다. 참된 믿음의 길을 걸으시길 축복합니다.

10
믿는 자에게 일어난 급진적 변화

10
믿는 자에게 일어난 급진적 변화
고린도후서 5:11~17

11 우리는 주의 두려우심을 알므로 사람들을 권면하거니와 우리가 하나님 앞에 알리어졌으니 또 너희의 양심에도 알리어지기를 바라노라 12 우리가 다시 너희에게 자천하는 것이 아니요 오직 우리로 말미암아 자랑할 기회를 너희에게 주어 미음으로 하지 않고 외모로 자랑하는 자들에게 대답하게 하려 하는 것이라 13 우리가 만일 미쳤어도 하나님을 위한 것이요 정신이 온전하여도 너희를 위한 것이니 14 그리스도의 사랑이 우리를 강권하시는도다 우리가 생각하건대 한 사람이 모든 사람을 대신하여 죽었은즉 모든 사람이 죽은 것이라 15 그가 모든 사람을 대신하여 죽으심은 살아 있는 자들로 하여금 다시는 그들 자신을 위하여 살지 않고 오직 그들을 대신하여 죽었다가 다시 살아나신 이를 위하여 살게 하려 함이라 16 그러므로 우리가 이제부터는 어떤 사람도 육신을 따라 알지 아니하노라 비록 우리가 그리스도도 육신을 따라 알았으나 이제부터는 그같이 알지 아니하노라 17 그런즉 누구든지 그리스도 안에 있으면 새로운 피조물이라 이전 것은 지나갔으니 보라 새 것이 되었도다

고린도 교회에 들어온 유대주의적 교사들이 있다고 했습니다. 이들에게 예수를 잘 믿는 것은 율법 곧 종교적 형식과 계명을 잘 지키는 것이라고 하였습니다. 그런 그들을 향하여 바울은 예수를 믿는 것은 예수님의 십자가의 죽음과 부활을 받아들이는 것이며, 그것은 곧 죄인인 나를 대신

하여 죽으셨기에 주인 노릇하는 나는 죽었고, 오직 내 안에는 예수가 주가 되어 계심을 받아들이는 것으로 설명합니다.

바울은 이 사실을 절박한 심정으로 알립니다. 고린도후서 5장 11절입니다. **"우리는 주의 두려우심을 알므로 사람들을 권면하거니와"** '주의 두려움'은 주님의 심판을 말합니다. 그런 고백이 없으면 주의 두려움 곧 심판을 받을 수밖에 없기에 그래서 내가 너희를 권면한다는 것입니다. 권면은 계속해서 설득하는 것을 말합니다. 그래서 3장에서부터 그 이야기를 계속합니다.

고린도 교인들은 예수를 육신에 따라 믿고 있었습니다

바울이 걱정하는 고린도 교인의 예수 믿는 모습이 본문에 나옵니다. 먼저 그들은 바울의 말에 별 관심이 없습니다. 본문 11절 다음을 보면 **'우리가 하나님 앞에 알리어졌으니'** 우리가 예수를 주로 받아들이고 사는 것은 하나님도 아신다는 것입니다. 그런 다음에 **"또 너희의 양심에도 알리어지기를 바라노라."** 이 말은 너희가 가슴에 손을 얹고 정말 예수를 믿는지 보라는 것입니다.

오늘 우리들도 마찬가지입니다. 남편은 아내에게 아내는 남편에게 "여보, 이제 나는 죽었소. 내 중심으로 살지 않겠소. 내 생각대로 살지 않겠소. 오직 주님 뜻대로 살겠소. 이제 주님만을 위하여 살겠소." 이렇게 진실로 고백할 수 있습니까? 바울은 그런 고백을 양심적으로 하고 있는지 보라는 것입니다. 이렇게 양심까지 거론한 것은 이들은 흘러듣고 있기 때문입니다. 예수를 주로 믿는 것에 별 신경을 쓰지 않습니다. 자신들은 믿고 있다고 여기기 때문입니다.

그들은 외모를 자랑합니다. 특별히 거짓 교사들이 그러한데, 자신들이 바리새인, 히브리 인임을 자랑합니다. 자신들의 충성과 봉사를 자랑합니다. 우리식으로 하면 '나는 모태신앙이며, 삼 대째 기독교 집안이며 나는 교회에서 이 봉사, 저 봉사 참 많이 했다'라는 것입니다. 믿지 않는 자들에게는 이것은 자랑거리가 안 됩니다. 그러나 믿는 자들에게는 자랑이 됩니다.

그들은 바울을 공격합니다. 고린도후서 5장 13절입니다. **"우리가 만일 미쳤어도 하나님을 위한 것이요, 정신이 온전하여도 너희를 위한 것이니"** '우리가 만일 미쳤어도'라고 말하는 까닭은 그들이 바울을 보고 너는 미쳤다고 말하기 때문입니다. 그렇게 말함은 바울이 믿어도 너무 열심히 믿습니다. 돌에 맞아 죽어도 일어나서 또 복음을 전하고, 죽을 줄 알면서도 선교를 하고... 정상이 아니라는 것입니다. 바울은 왜 자신이 그렇게 하는지 14절에서 설명하는데, 그리스도의 사랑 때문이라는 것입니다.

그럼 그리스도의 사랑이 무엇이냐?

주님이 죄인인 우리를 대신해서 죽지 않았느냐?

그래서 죄인인 우리는 죽었고,

오직 내 안에 예수님만이 계시는데, 그럼 우리가 어떻게 살아야 하느냐?

당연히 주님의 뜻대로 살아야 하는 것이 아니냐?

주님이 우리를 위해 어떻게 살았느냐?

우리를 위한 미친 사랑을 한 것 아니냐?

집에 불이 났는데 개가 갇혔다.

이때 아버지가 자기 아들을 보고 네가 죽고 개를 건져내라고 한다면 그것이 제정신이냐?

그 말을 듣고 아들이 그 불 속으로 들어간다면 아들도 제정신이냐?

예수님이 우리를 위하여 그렇게 하지 않으셨느냐?

나는 없고 오직 주님만이 계시는데 그러면 우리는 당연히 주님처럼 살아야 하지 않느냐?

바울을 향하여 그런 말을 하였다는 것 자체가 바울에게는 주님만 계신다는 것을 그들은 모르기 때문입니다.

왜 이들은 예수를 믿는다면서도 이렇게 잘못된 믿음을 가지게 되었을까? 고린도후서 5장 16절입니다. "**그러므로 우리가 이제부터는 어떤 사람도 육신을 따라 알지 아니하노라 비록 우리가 그리스도도 육신을 따라 알았으나 이제부터는 그같이 알지 아니하노라.**" 여기서 '우리'라고 한 것은 바울이 고린도 성도들과 한 몸이라는 것을 의식해서 하는 말입니다. 사실 고린도 교인들이 지금 육신을 따라 사람과 하나님을 알고 있습니다. 여기서 육신은 body가 아닙니다. 자기 중심성을 가리키는 말입니다. 자기 유익에 따라 사람을 알려고 합니다.

예를 들어 자녀가 친구를 집으로 데려와서 함께 놀려고 합니다. 엄마가 조용히 아이를 부릅니다. 그리고 물어봅니다. 쟤, 반에서 몇 등 한대? 상위 클래스면 간식이 푸짐합니다. 하위 클래스이면 간식이 없을 뿐만 아니라 조금만 놀다 숙제해! 명령이 내려집니다.

믿음 생활도 그렇게 할 수 있습니다. 봉사를 합니다. 헌금을 합니다. 이것이 자신에게 얼마나 유익이 될까를 계산합니다. 많은 자들이 자신이 하나님께 충성하고 사랑을 바친 만큼 자신에게 하나님이 갚아 주셔야 한다는 무언의 계산을 합니다. 기도했음에도 자기가 원하는 결과를 얻지 못하면 실망합니다. 헌금을 많이 했는데 사업이 잘못되면 하나님이 계시지 않다고 낙담합니다. 교회에 처음 올 때야, 복 받기 위해서, 평안하기 위해서 옵니다. 그러나 오랫동안 믿었음에도 불구하고 여전히 예수를 믿는 까닭은 복 받고 평안 얻기 위해서라고 말합니다. 어떤 분은 예배를 왜 드리느냐 하면 그렇게 해야 한 주간을 평안히 살아갈 것 같아서라고 합니다. 예배가 목적이 아니고 예배는 단순히 자신이 한 주간을 잘 살도록 하기 위한 통로입니다. 예수를 육신에 따라, 자신의 유익에 따라 아는 것입니다. 사실 그것은 믿는 것이 아니라 그리스도를 이용하는 것입니다. 자기를 채우기 위해 예수 그리스도를 이용할 따름입니다.

실제 예수 그리스도를 믿으면 자신의 유익을 구하는 자신은 없는 자가 됩니다. 그 안에는 예수 그리스도만이 있습니다. 그렇기에 예수를 믿으면 자연스럽게 그는 주님의 유익을 위해서, 주님의 뜻을 위해서, 주님의 목적을 위해서 살게 됩니다. 선택의 여지가 없습니다. 예외가 없습니다. 이미 자기가 없기에 그에게는 주님만이 나타나야 합니다.

예수 믿는 목적은 주님과 함께 살기 위함입니다

그렇기에 예수 믿는 목적이 무엇이냐고 하면 예수 믿고 천국 가는 것이라고 하는데 그것도 정답이 아닙니다. 천국 가기 위해서 예수 그리스도를 이용하고 있을 따름입니다. 예수를 믿는 것은 예수를 주로 섬기며 사는 것입니다. 주님의 생각이 무엇인지, 주님이 뜻이 어디에 있는지, 주님의 마음이 어디에 있는지, 주님이 무엇을 원하시는지, 주님의 능력을 힘입어 그렇게 살아갑니다. 한 마디로 주님과 함께 살아가는 것, 이것이 예수 믿는 목적입니다. 그렇게 주님과 함께 살면 주님이 나와 함께 살기에 나는 천국을 얻은 자가 됩니다. 평안을 위해서 예수를 믿는 것이 아니라 예수를 믿으면 평안이 옵니다. 예수를 믿으면 행복이 옵니다. 주님이 나를 다스리기 때문입니다. 우리는 그냥 주님과 함께 사는 것입니다. 예수를 믿으면서 다르게 사는 방법은 없습니다.

베드로의 설교를 듣고 많은 자가 주님께 돌아왔지만, 곧 핍박이 왔고 그 핍박으로 인하여 그들이 사방에 흩어졌습니다. 저 멀리 수리아 안디옥까지 가서 교회를 세웠습니다. 교회가 세워진 지 일 년 정도 지났을 때 안디옥에 있는 믿지 않는 사람들이 안디옥 교회에 다니는 사람들을 보고 '그리스도인'이란 호칭을 붙였습니다. 그리스도인이란 '그리스도'라는 단어에 라틴접속사 '~ian'을 붙였습니다. '~ian'은 '~ 에 속하다'는 뜻입니다. 곧 '그리스도 안에 있는 사람'이란 말입니다. 돌려서 말하면 그들의 모습에는 그리스도만 보인다는 말입니다. 얼마 전까지만 해도 자신과 다를 바 없는 사람들입니다. 그런데 이제 그들의 말, 행동, 생각 등에는 그리스도가 그대로 나타납니다. 과거의 그들이 그리스도 안에 전부 사라졌습니다. 1년도 되지 않는 성도들에게서 나타난 현상입니다. 그들은 자기의 유익에 따라 그리스도를 안 것이 아니라 주님과 함께 살았기 때문입니다. 실제로 그냥 믿은 것입니다.

고린도후서 5장 17절입니다. **"그런즉 누구든지 그리스도 안에 있으면 새로운 피조물이라"** 새로운 피조물은 새로운 창조물이라는 말입니다. 왜 그렇습니까? **"이전 것은 지나갔으되 보라 새 것이 되었도다."** 이전 것, 세상 사람들은 전부 자기가 주인입니다. 예수 믿으면 자기가 없습니다. 하나님이신 예수 그리스도가 주인이 되었습니다. 그전에는 다 자기를 위해 살아갑니다. 이제 우리는 주님을 위하여 살아갑니다. 그 전에는 세상을 얻으려고 하였는데 이제 우리는 주님이 전부입니다. 그전에는 자기를 드러내려고 하였습니다. 이제는 주님만 드러냅니다. 180도 다른 존재가 됩니다. 급진적이란 말이 있습니다. 영어로 'radical'입니다. 레디컬이란 단어는 "뿌리" 곧 식물 전체에 영양분을 공급하는 '보이지 않는 부분'을 의미한다고 합니다. 그렇습니다. 예수를 믿을 때 우리에게는 급진적인 변화가 일어났습니다. 나의 뿌리가 되는 내 안이 새로운 피조물이 된 것입니다.

예수를 믿으면 급진적 변화가 일어납니다

한국 교회사에 경동제일교회 엄귀현 영수에 대한 예화가 익히 알려져 있습니다. 그는 마부였습니다. 해방 전후에 그가 당시 왕족 출신 이재형의 경마잡이로 있을 때입니다. 충주 가던 길에 그는 이재형에게 말합니다. "나리 황송하오나 오늘부터 예수를 믿으소서. 그래서 영생을 얻으소서" 그때 이재형이 화를 내면서 "예수 믿으면 상놈이 양반 되느냐"고 했습니다. 이에 이재형이 이렇게 말을 했다고 합니다. "저는 마부꾼 신세 면하려고 예수 믿는 게 아닙니다. 도리어 이제부터 마부꾼 노릇을 더 잘해야지요. 나리께서 예수를 믿으시면 일평생 마부꾼으로서 나리를 모시겠습니다."

경동제일교회 고 강광섭 장로가 엄귀현 영수를 회상하면서 이런 말을 했습니다. "본래 기운이 장사이고 예수 믿기 전 아주 사나우셨으나 예수 믿고 양순해지셨던 분이죠. 엄 영수님은 자나 깨나 기도하셨어요. 예배당 바닥에 이마를 대고 기도했거든요. 어찌나 그랬던지 이마에 달걀만한 못이 박혔어요."

혹인 인권 운동을 하셨던 마틴 루터 킹 목사가 어느 날, 백인우월주의를 외치는 kkk단으로부터 전화를 받습니다. 당장 마을을 떠나지 않으면 가족 전체를 말살하겠다고 말입니다. 그리고 사흘 뒤에 킹의 집에 폭탄이 터졌습니다. 다행히 한 명도 다치지 않고 무사히 탈출했습니다. 그러나 혹인들은 그 사건이 일어나자 분노가 폭발합니다. 그래서 무기를 들고 킹 목사의 집 앞으로 몰려듭니다. 그때 킹 목사는 아직도 연기가 피어오르는 집 앞에 서서 군중에게 예수님의 말씀을 인용합니다.

> "칼로 사는 자는 칼로 죽습니다. 원수를 사랑하십시오. 원수를 선대하십시오.
> 원수를 사랑하고 원수에게 여러분이 사랑한다는 걸 알게 해 주십시오.
> 옳은 일을 하십시오. 하나님이 우리와 함께하십니다."(1956년 1월 30일)

순간 군중을 휘감았던 두려움과 분노는 눈 녹듯이 녹아내렸습니다. 사람들은 하나둘 총을 내려놓고 손을 들어 찬양하기 시작했습니다. 그 순간에 그들 자신은 죽고 주님이 나타난 것입니다.

예수 그리스도가 나를 대신하여 죽으셨음을 그래서 나를 죄에서 구원하셨음을 진정 받아들이십니까? 그전에는 자기가 힘이었고. 자기를 노래

하였고, 자기를 의지하였습니다. 이제 우리에게는 오직 그리스도가 힘이며, 노래며, 의지이십니다. 오직 그분이 내 기쁨입니다. 우리의 믿음이 참된 믿음이 되기를 주님의 이름으로 축복합니다.

11
내 몸에서 주님이 존귀하게 드러나면 됩니다

11
내 몸에서 주님이 존귀하게 드러나면 됩니다

고린도전서 5:18~6:10

18 모든 것이 하나님께로서 났으며 그가 그리스도로 말미암아 우리를 자기와 화목하게 하시고 또 우리에게 화목하게 하는 직분을 주셨으니 19 곧 하나님께서 그리스도 안에 계시사 세상을 자기와 화목하게 하시며 그들의 죄를 그들에게 돌리지 아니하시고 화목하게 하는 말씀을 우리에게 부탁하셨느니라 20 그러므로 우리가 그리스도를 대신하여 사신 이 되어 하나님이 우리를 통하여 너희를 권면하시는 것 같이 그리스도를 대신하여 간청하노니 너희는 하나님과 화목하라 21 하나님이 죄를 알지도 못하신 이를 우리를 대신하여 죄로 삼으신 것은 우리로 하여금 그 안에서 하나님의 의가 되게 하려 하심이라 6:1 우리가 하나님과 함께 일하는 자로서 너희를 권하노니 하나님의 은혜를 헛되이 받지 말라 2 이르시되 내가 은혜 베풀 때에 너에게 듣고 구원의 날에 너를 도왔다 하셨으니 보라 지금은 은혜 받을 만한 때요 보라 지금은 구원의 날이로다 3 우리가 이 직분이 비방을 받지 않게 하려고 무엇에든지 아무에게도 거리끼지 않게 하고 4 오직 모든 일에 하나님의 일꾼으로 자천하여 많이 견디는 것과 환난과 궁핍과 고난과 5 매 맞음과 갇힘과 난동과 수고로움과 자지 못함과 먹지 못함 가운데서도 6 깨끗함과 지식과 오래 참음과 자비함과 성령의 감화와 거짓이 없는 사랑과 7 진리의 말씀과 하나님의 능력으로 의의 무기를 좌우에 가지고 8 영광과 욕됨으로 그러했으며 악한 이름과 아름다운 이름으로 그러했느니라 우리는 속이는 자 같으나 참되고 9 무명한 자 같으나 유명한 자요 죽은 자 같으나 보라 우리가 살아 있고 징계를 받는 자 같으나 죽임을 당하지 아니하고 10 근심하는 자 같으나 항상 기뻐하고 가난한 자 같으나 많은 사람을 부요하게 하고 아무것도 없는 자 같으나 모든 것을 가진 자로다

우리는 예수를 믿음으로 새로운 피조물이 되었습니다. 세상 모든 사람은 자신이 주인이 되어 있는데 우리는 자신은 죽고 예수 그리스도가 자신의 주가 된, 세상 어디에도 없는 그런 존재가 되었습니다. 삶의 방식도 사람들과 완전히 다릅니다. 일상의 예를 들면, 가깝게 지내는 사람이 그동안 몰랐는데 이기적임을 알았습니다. 그 사람의 실체를 보자 그에 대한 마음이 차가워집니다. 그와 멀어지고 싶습니다. 그럼에도 주님께 기도합니다. 그러다 깨닫습니다. '그래 나는 없지, 오직 예수가 내 주이시지. 주님은 그 사람에게 어떻게 하실까?' 자신의 이익을 위해서 예수님을 판 가룟 유다를 끝까지 사랑한 주님을 봅니다. 그러자 그 심령에 '그래, 주님이 사랑한다면 나도 사랑해야지!' 이러한 생각은 도덕으로 결정한 것이 아닙니다. 교양으로 결정한 것도 아닙니다. 예수를 바라보았기 때문입니다. 세상과는 전혀 다른 방식입니다.

신앙생활은 하나님과 화목 하는 일입니다

고린도후서 5장 18절을 봅니다. **"모든 것이 하나님께로서 났으며 그가 그리스도로 말미암아 우리를 자기와 화목하게 하시고 또 우리에게 화목하게 하는 직분을 주셨으니"** 모든 것이 하나님께로 났다고 할 때 '모든 것'은 예수님의 죽으심과 부활로 말미암아 우리가 새로운 피조물이 된 것을 말합니다. 새로운 피조물이 됨으로 우리에게 어떤 일이 일어났습니까? 하나님과 화목하게 되었습니다. 그동안 하나님이 주인이신데 자기가 주인이라고 했으니 하나님을 대적하고 살았습니다. 그러니 마땅히 심판을 받아야 합니다. 그런 우리가 하나님과 잘 지낼 수 있는 자가 되었습니다. 사람과도 잘 지낼 수 없는 우리가 말입니다. 그리고 고린도 교인들에게 한 가지를 명령합니다.

고린도후서 5장 20절입니다. **"그러므로 우리가 그리스도를 대신하여 사신이 되어 하나님이 우리를 통하여 너희를 권면하시는 것 같이 그리스도를 대신하여 간청하노니 너희는 하나님과 화목하라."** 그들은 충성하고 있고 봉사도 하며 은사가 있어 능력도 행하고 있습니다. 주님은 말합니다. "다 좋다. 그러나 먼저 하나님과 화목해야 한다." 하나님과 화목함이 없으면 그 모든 것이 의미가 없다는 말입니다. 세상적으로 성공했는지 모르지만 하나님 앞에서는 실패라는 것입니다. 꼭 기억해야 합니다. 신앙생활은 먼저 하나님과 화목하는 일입니다.

하나님과 화목하는 구체적인 모습은 어떻게 나타납니까? 형제의 화목은 우애로, 부부의 화목은 사랑으로 나타납니다. '화목하라'는 명령형은 수동형입니다. '너희는 하나님과 화목하게 되어져야 한다.'는 것입니다. 두 나라가 전쟁을 합니다, A란 나라가 우리 이제 사이좋게 지내자며 손을 내밀었습니다. 그때 UN이 B에게 '야, 너희도 화해 해!'라고 말을 한다면 그들 보고 어떻게 하라는 말입니까? A가 내민 손을 잡으라는 그런 의미입니다. 하나님께서 우리와 하나님 사이를 가로막고 있는 죄를 없애기 위해 예수님을 우리 대신 죽게 하셨습니다. 하나님이 먼저 손을 내민 것입니다. 손을 잡는다는 것은 그 사실을 믿는 것입니다. 즉 나는 없고 오직 예수가 내 주이심을 믿으며 살아가는 것, 그것이 곧 하나님과 화목하는 것입니다.

하나님과의 화목은 다름 아닌 예수 그리스도를 주고 삼고 사는 모습입니다. 탕자의 비유가 좋은 예입니다. 둘째 아들이 아버지 재산을 탕진하고 아버지에게 왔을 때 아버지는 송아지를 잡아서 잔치를 베풉니다. 이 모습을 본 큰아들이 분노합니다. 둘째가 아버지 재산을 탕진할 때, 자신은 눈코 뜰 새 없이 집안을 돌봤습니다. 그런 자신에게는 염소 새끼 한 마리도 잡아 준 적이 없습니다. 어떤 보상도 대접도 없습니다. 그런 아들에게 아버지가 무엇을 말합니까? 누가복음 15장 31-32절입니다. **"아버지가 이르되 얘 너는 항상 나와 함께 있으니 내 것이 다 네 것이로되"** 너는 나와 함께 살지 않느냐? 그러면 내 것이 다 네 것인데… 아버지는 함께 사는 것이 목적입니다. 아버지와 함께 살면 아버지의 것이 전부 그의 것입니다. 그러나 첫째는 함께 사는 것에 관심이 없습니다. 내가 그렇게 수고하고 애썼는데 왜 나에게는 보상이 없느냐는 것이지요. 섭섭하다는 것이지요. 첫째의 관심은 아버지와 함께 사는 것이 아니라 자기를 위해 사는 것입니다. 죄 가운데 사는 것이었죠. 우리를 향한 하나님의 간절한 바람은 우리와 함께 사는 것입니다. 그래서 바울은 어떤 고백을 합니까? **"나의 간절한 기대와 소망을 따라 아무 일에든지 부끄러워하지 아니하고 지금도 전과 같이 온전히 담대하여 살든지 죽든지 내 몸에서 그리스도가 존귀하게 되게 하려 하나니."**(빌 1:20) 내 몸에서 그리스도가 존귀하게 되는 것, 내가 예수로 살아가는 일이 자신의 삶의 목적이라고 합니다.

하나님과의 화목은 곧 자신은 없고 예수로 살아가는 것입니다

고린도후서 6장 1-10절까지 바울은 어떤 자가 하나님의 일꾼인지를 밝힙니다. 그것은 곧 그를 통하여 주님을 드러내는 자라는 것입니다. 고린도후서 6장 4-5절을 보면, **"오직 모든 일에 하나님의 일꾼으로 자천하여 많이 견디는 것과 환난과 궁핍과 고난과 매 맞음과 갇힘과 난동과 수고로움과 자지 못함과 먹지 못함 가운데서도"** 바울은 숱한 환난을 받았습니다. 그 가운데서도 자신이 어떻게 하였는지를 밝힙니다. 고린도후서 5장 6절입니다. **"깨끗함과 지식과 오래 참음과 자비함과 성령의 감화와 거짓이 없는 사랑과"** 그 환난 가운데서도 나는 깨끗하였다. 순결하였다. 내 입에서 비방하거나 더러운 말이 나가지 않았다. 오래 참았다. 자비하였다. 거짓이 없는 사랑으로 하였다고 합니다.

그리고 10절을 봅니다. **"근심하는 자 같으나 항상 기뻐하고, 가난한 자 같으나 많은 사람을 부요하게 하고 아무것도 없는 자 같으나 모든 것을 가진 자로다."** 환난과 고난 속에서 살고 있기에 세상적인 눈으로는 근심하지 않을 수 없는 그런 환경입니다. 그럼에도 그는 기뻐하였고, 다른 사람을 섬겼고, 감사와 만족하며 살았습니다. 바울은 환난 가운데 자신이 어떻게 살았는지를 밝히는데 가만히 보면 누구의 모습입니까? 이 땅에 계셨던 주님의 모습입니다. 바울은 자신이 하나님의 일꾼임을 무엇으로 드러냅니까? 그를 통하여 주님이 존귀하게 드러났다는 것이지요. 바울은 자신이 얼마나 많은 수고를 하였는지, 그가 이룬 업적이 얼마인지를 말하지 않았습니다. 사실 그는 수많은 교회를 개척하였습니다. 수많은 능력을 행하였습니다. 그런데 그것으로 자신이 일꾼임을 말하지 않습니다.

세상은 그가 이룬 성취와 업적을 가지고 그를 평가합니다. 스카이 제스나라는 목사님의 간증입니다. 설교 시간에 어떤 사람의 글을 인용하였습니다. 성도 중에 한 사람이 나중에 지적을 합니다. 목사님. 그 사람은 이단 교회에 다니잖아요. 목사님이 물었습니다. "제가 인용한 글이 마음에 들지 않았습니까?" "아니에요. 제가 화가 난 것은 목사님께서 이단 교회에 다니시는 분의 글을 인용했다는 것이에요" 그래서 목사님은 그 사람은 그 교회에 다니지 않음과 그 성도가 말하는 이단 교회도 사실 잘못된 시각에서 생겨난 것임을 이야기하였습니다. 그런데 이 자매는 받아들이지 않습니다. 끝까지 고집합니다. 그렇게 고집하는 까닭은 척 콜슨 목사님이 방송 설교 중 그렇게 말씀을 하셨다는 것입니다. 척 콜슨 목사님은 많은 시청자를 가지고 있는 유명한 목사님이십니다. 그 유명한 분이 그렇게 말씀하셨는데 어떻게 그것이 틀릴 수 있느냐는 것입니다. 세상적인 성공을 가지고 진리까지 측정합니다.

우리는 그 사람이 이뤄낸 성과가 그 사람의 권위를 결정한다고 여기며 성공한 자에게 더 많은 권위를 부여합니다. 그래서 수천 명의 교인을 가진 목회자의 설교는 더 진실성이 있는 것으로 여깁니다. 세상이 그러하기에 예수를 믿는 우리들까지도 예수 잘 믿은 것을 세상적인 성공을 가지고 판단합니다. 자녀가 잘되고, 평안하며, 사업이 확장되며, 문제가 없는 그런 삶을 살아갈 때, 예수 잘 믿었다고 이야기합니다.

미국 상원의원의 원목을 지낸 리처드 핼버슨은 이런 말을 했습니다. "처음 교회는 살아 계신 그리스도를 중심으로 한 사람들의 교제로 이루어졌다. 그리스로 넘어가면서 철학이 되었고, 로마로 건너가 조직이 되었다. 마지막으로 미국으로 넘어와 기업이 되었다." 기업은 이윤 창출입니다. 성과입니다. 성과가 없으면 곧장 퇴출시킵니다. 성과주의, 성공주의로 바뀌었다는 것입니다.

그의 믿음은 예수로 살아갈 때만 증명됩니다

하나님은 분명히 복의 근원이십니다. 만유의 주이십니다. 믿는 자녀에게 지혜와 능력을 주십니다. 성공을 일으키십니다. 그래서 바울이 가는 곳마다 교회를 세우지 않았습니까? 하나님께서 다윗에게 은혜를 주자 다윗은 가는 곳마다 전쟁에서 승리하였습니다. 그보다 더 큰 성공을 이룬 왕이 없었습니다. 그는 나라를 가장 부하게 만들었습니다. 아브라함, 이삭, 야곱 등 믿음의 족장들에게 하나님은 무한한 복을 내렸습니다. 저또한 주님이 주시는 놀라운 복을 구하며, 문제 해결을 위해 기도합니다. 그리고 기도할 때 은혜를 입습니다. 그리스도 안에서도 놀라운 성취가 이

뒤집니다.

　그런데 바울은 그 성공을 자신의 믿음의 결과물로 내세우지 않습니다. 예수 믿는 것은 성공을 이루기 위함이 아니기 때문입니다. 그리고 하나님을 등진 가운데서도 얼마든지 세상적인 성공을 이룰 수 있기 때문입니다.

　이스라엘 백성들이 광야에서 물을 달라고 하였을 때, 모세가 기도합니다. 하나님께서는 반석에 명하라고 합니다. 모세는 정작 반석 앞에 "반석에서 물이 나올지어다."라고 외치지 않고 지팡이를 두 번 내리칩니다. 늘 불평하고 자신을 향하여 원망하는 이스라엘 백성들에 대한 불편한 마음이 드러난 것입니다. 놀랍게도 물이 쏟아졌습니다. 이보다 놀라운 능력을 누가 나타낼 수 있습니까? 모세는 큰 성취를 이루었습니다. 그 모세를 보면서 백성들은 하나님의 능력의 종이라고 하지 않았겠습니까? 그는 성공한 자였습니다. 그러나 하나님은 그 사건 때문에 모세를 가나안 땅에 들이지 않습니다. 그는 자기를 드러냈기 때문에 그렇습니다. 하나님은 그런 그에게 가나안에 들어갈 수 없다고 합니다. 모세를 통하여 하나님은 우리를 가르치고 계십니다. 아무리 큰 성공일지라도 그를 통하여 주님이 드러나지 않으면 하나님 앞에서 그는 실패한 자입니다.

　사랑하는 여러분, 하나님과의 화목이 깨어지면 모든 것은 의미가 없습니다. 내가 죽고 예수로 살면서 충성하고 봉사하며, 가정생활하시며 직장에 나가시기 바랍니다. 내가 죽은 삶이어서 실패한 것 같지만, 아닙니다. 제가 확신하는 것은 그때 주님이 친히 내 생활을 다스리십니다. 평강의 주님께서 평강으로 인도하십니다. 복에 복을 더하십니다. 자기 혈기, 자기감정이 나옵니까? 주님을 향한 마음보다 자기 욕심으로 살아가는 모습이 나옵니까? 그때마다 그것이 하나님과 등을 돌리는 것임을 알고 회개하시면 됩니다. 그럼 다시 일어날 힘을 주시며 살아가게 하십니다. 이 은혜를 누리며 사시길 소망합니다.

"만 가지 은혜를 받았으니 내 평생 슬프나 즐거우나
이 몸을 온전히 주님께 바쳐서 주님만 위하여 늘 살겠네"

12
두 주인이 있어선 안 됩니다

12
두 주인이 있어선 안 됩니다

고린도후서 6:11~14

11 고린도인들이여 너희를 향하여 우리의 입이 열리고 우리의 마음이 넓어졌으니 12 너희가 우리 안에서 좁아진 것이 아니라 오직 너희 심정에서 좁아진 것이니라 13 내가 자녀에게 말하듯 하노니 보답하는 것으로 너희도 마음을 넓히라 14 너희는 믿지 않는 자와 멍에를 함께 메지 말라 의와 불법이 어찌 함께 하며 빛과 어둠이 어찌 사귀며

고린도후서를 대략 큰 묶음으로 나누면 3-6장까지가 한 내용입니다. 오늘 본문은 그 내용의 결론입니다. 고린도후서 6장 11절을 보시면 "**고린도인들이여 너희를 향하여 우리의 입이 열리고 우리의 마음이 넓어졌으니**" 바울이 고린도 교인들에게 그전에는 차마 입이 열리지 않았는데 이제 담대하게 말할 수가 있다는 것입니다. 입이 열리게 된 계기는 이렇습니다. 고린도 교회에 바울을 대적한 자가 있었고 바울은 교회가 공식적으로 그 사람을 징계하라고 합니다. 그때 고린도 교인 중 몇은 바울이 진짜 사도가 맞느냐고 공격을 하고 있었습니다. 징계하라는 바울의 말에 순종하지 않을 수 있습니다. 그러나 그들은 바울에게 순종하여 그 한 사

람을 징계합니다. 나아가서 징계를 받은 사람도 회개합니다. 그 소식을 전해 들으면서 바울은 '아, 이들이 나를 사도로 인정하고 있구나!'라는 생각이 들면서 마음이 열려 말을 합니다.

누구에 대해서 말을 합니까? 고린도 교회에 들어온 거짓 교사들입니다. 이들은 예수 믿으면서 동시에 율법도 지켜야 하나님의 백성이 된다고 주장합니다. 고린도 교인들 중에서 그들을 따르는 자들이 생겼습니다. 그래서 3장에서부터 바울은 예수 믿는 것이 무엇인지 자세히 설명합니다. 복음이 무엇인지 알아야 그들이 어떤 자인지 확인할 수 있기 때문입니다. 결국 복음에 비춰 볼 때 그들은 누구인가요? 6장 14절을 봅니다. **"너희는 믿지 않는 자와 멍에를 함께 메지 말라"** 그들은 믿지 않는 자입니다. **"의와 불법이 어찌 함께 하며"** 그들은 불법입니다. **"빛과 어둠이 어찌 사귀며"** 그들은 어둠입니다. 15절을 보면 **"그리스도와 벨리알이 어찌 조화되며"** 벨리알은 구약에 나오는 천사인데, 사람들을 현혹하여 자꾸만 하나님을 떠나도록 만드는 천사입니다. 사탄을 말합니다.

어마어마한 말을 하고 있습니다. 고린도후서 11장을 읽으면 그들은 자기 자랑도 합니다. 자기 욕심을 드러냅니다. 그러나 그들 또한 예수를 믿습니다. 세상적인 큰 죄를 지은 것도 아닙니다. 그럼에도 그들을 사탄이라고 합니다. 얼마나 무서운 말입니까?

그 까닭은 "그들과 함께 멍에를 메지 말라"는 말에 들어가 있습니다.

멍에는 소의 등에 얹어 쟁기를 끌게 하는 도구이지만 성경에서는 비유적 표현으로 사용합니다. 이스라엘에서는 종교적인 의무들, 즉 사람들이 반드시 지켜야 할 율법을 멍에라고 불렀습니다. 베드로도 그렇게 말했습니다. 사도행전 15장 10절 **"그런데 지금 너희가 어찌하여 하나님을 시험하여 우리 조상과 우리도 능히 메지 못하던 멍에를 제자들이 목에 두려느냐"**

사탄은 예수를 믿어도 자기의 죽음을 받아들이지 못하도록 합니다.

오늘날 우리도 비슷한 말을 합니다. "천국에 들어갈 확신이 있습니까?" 하면 주저합니다. 이유를 따져 들어가면 자신은 말씀대로 살지 못했다는 것입니다. 반대로 하면 말씀대로 살면 구원을 얻을 수 있다는 것입니다. 고린도의 거짓 사도들과 비슷한 말 아닙니까? 그렇게 말하는 성도를 사탄이라고 말을 하면 듣는 사람은 얼마나 황당하겠습니까? 그런데 거짓 사도들에 대해서 바울은 사탄이라고 부릅니다. 왜 그렇습니까? 율법은 우리를 구원하기 위해서 준 것이 아닙니다. 사람들은 완전히 율법대로 살아갈 수가 없습니다. 율법을 주신 까닭은 우리는 율법대로 살아갈 수 없기에 우리는 절대 우리 힘으로 구원을 받을 수 없는 자임을 알게 하기 위함입니다. 예수를 믿으면서도 율법을 지켜야 구원 얻는다고 주장하는 것은, 결국 자기 힘으로 구원 얻을 의를 가질 수 있다는 것입니다.

예수 믿는 것은 자기 힘과 능력으로 즉, 자기가 주인이 되어 살아가는 그런 자기는 죽었음을 받아들이는 것입니다. 그럼 율법을 지켜 구원을 받을 수 있다고 말하면 예수님의 죽음을 받아들이지 않는 셈입니다. 다른 사람에게도 그 율법을 강조한다면 그는 사람들을 믿음에서 떠나도록 만드는 사탄의 일을 하고 있는 셈입니다.

요한계시록 12장을 보면 붉은 용이 나옵니다. 사탄을 상징합니다. 그가 땅으로 내쫓깁니다. 그리고 땅에서 어떻게든 성도를 무너뜨리려고 합니다. 사탄의 전략이 무엇이냐 하면 사람을 이용하는 것입니다. 이렇게 이용당하는 사람을 짐승이라고 부릅니다. 요한계시록 13장 1절입니다. **"내가 보니 바다에서 한 짐승이 나오는데 뿔이 열이요 머리가 일곱이라 그 뿔에는 열 왕관이 있고 그 머리들에는 신성 모독하는 이름들이 있더라."**

요한 계시록의 숫자는 상징입니다. 열과 일곱은 완전수입니다. 왕관은 영광을, 뿔은 힘을 상징합니다. 한 사람에게 열 개의 뿔이 있고 거기에 왕관이 있다는 말은 그 사람은 완전한 권세와 영광을 가지고 있다는 말입니다. 이 땅에서 그런 자는 누구겠습니까? 세상의 왕들입니다. 그런데 이들이 신성을 모독합니다. 큰 권세를 가진 왕들은 자신이 모든 것의 주관자라고 여깁니다. 로마의 황제들 중에서도 자신을 신으로 섬길 것을 강요하고 예수 믿는 자들이 듣지 않자 박해하지 않습니까? 이들은 자신들이 주라고 여깁니다. 그것은 동시에 누구를 부정합니까? 예수 그리스도가 주이심을 부정하는 것입니다. 신성 모독인 것입니다. 그런 다음에 또한 짐승이 나옵니다.

　요한계시록 13장 11절입니다. **"내가 보매 또 다른 짐승이 땅에서 올라오니 어린 양 같이 두 뿔이 있고 용처럼 말을 하더라."** 어린 양 같이 두 뿔이 있다는 어린 양의 모습입니다. 그런데 그가 하는 말은 용처럼 합니다. 사탄의 말을 합니다. 거짓 선지자, 거짓 사도들을 말합니다. 요한계시록 13장 12절입니다. **"그가 먼저 나온 짐승의 모든 권세를 그 앞에서 행하고 땅과 땅에 사는 자들을 처음 짐승에게 경배하게 하니 곧 죽게 되었던 상처가 나은 자니라."** 거짓 선지자가 하는 일은 사람들로 하여금 처음 나온 짐승을 경배하도록 만듭니다. 경배하도록 한다는 말은 자신들도 그렇게 살겠다는 말입니다. 처음 나온 짐승이 자신을 신, 주라고 여기는 것처럼, 거짓 선지자는 사람들로 하여금 자신들을 주권자로 생각하도록 만든다는 것입니다. 결단코 주인 된 자신의 죽음을 받아들이지 못하도록 만듭니다. 거짓 선지자들은 예수 그리스도를 주인으로 섬기면서 동시에 너희들도 주인으로 살라는 것입니다. 결코 자기 자신의 죽음을 받아들이지 않도록 합니다.

**　우리가 받은 구원은 먼저 '죄로부터의 구원'입니다.**

　예수님께서 이 땅에 오신 까닭은 분명합니다. 마태복음 1장 21절에 **"아들을 낳으리니 이름을 예수라 하라 그가 자기 백성을 그들의 죄에서 구원할 자이심이라 하니라."** 우리를 죄에서 건지는 일입니다. 죄에서 우리를 건지려면, 죄가 없는 자, 즉 자신이 죽는 자가 되어야 하는데 그래서 예수님이 대신 죽으심으로 그 일을 이뤘습니다.

예수를 믿으면 자신의 죽음을 분명히 받아들여야 합니다. 그럼에도 오늘날 자신의 죽음을 받아들이지 않는 분들이 계십니다. 그 이유 중 하나는, 예수님의 구원이 '자신의 죄로부터의 구원'인지 모르기 때문입니다. 예수님이 역사의 무대에 등장하여 기적을 일으키자 사람들은 예수님을 왕으로 삼아야 한다고 하였습니다. 로마로부터 고통을 받고 있는 자신들을 건져내시는 메시아로 알았습니다. 그런데 예수님이 그들의 죄에서 자신들을 건지신다고 하자 더 이상 예수님을 받아들이지 않습니다. 예수님을 자신들의 삶을 다스리는 왕으로만 알고 있습니다.

신약의 라오디게아 교회가 있습니다. 주님이 그들에게 이런 말씀을 합니다. 요한계시록 3장 17절에 **"네가 말하기를 나는 부자라 부요하여 부족한 것이 없다 하나 네 곤고한 것과 가련한 것과 가난한 것과 눈 먼 것과 벌거벗은 것을 알지 못하는도다."** 그들은 하나님의 축복으로 부자요 부요한 자가 되었다고 말을 하고 있습니다. 자신들은 예수 그리스도를 잘 믿는다는 것입니다. 그런데 벌거벗은 것을 보지 못한다고 합니다. 벌거벗은 것은 죄를 말하는데 자신의 죄를 보지 못하고 있다는 것이지요. 그들의 실상을 요한계시록 3장 17절에서 밝힙니다. **"볼지어다 내가 문밖에 서서 두드리노니 누구든지 내 음성을 듣고 문을 열면 내가 그에게로 들어가 그와 더불어 먹고 그는 나와 더불어 먹으리라"** 그들 안에는 자신이 주인이 되어 있습니다. 예수님도 주인이시지만 자신 안에 계신 주인이 아닙니다. 두 주인을 섬기는 것입니다.

또 하나의 이유가 있다면, 죄가 무엇인지 모르기 때문입니다. 오래된 이야기이지만 제가 부교역자로 사역하던 교회를 떠나고 난 다음 그 교회 후임으로 오신 목사님과 잠깐 말씀을 나눌 기회가 있었습니다. 성도들에게 들은 이야기라면서 저에게 말씀을 합니다. 그곳에 있는 부교역자를 전부 합친 것보다 제가 더 많이 일을 하였다는 것입니다. 그러나 그때 열심히 일을 했는지는 모르지만 정작 제 속은 달라진 것이 없습니다. 밖에서 보면 쉬이 성내지 않습니다. 다투지 않습니다. 그러나 그것은 저의 성격과 교양이 한몫을 한 것입니다. 그러나 가정에서는 그대로 나타납니다. 많이 다투었습니다. 말 한마디에 쉽게 무너졌습니다. 그러면서도 저는 예수 그리스도를 위해 사는 줄 알았습니다. 여전히 제가 주인이 되어 있음에도 말입니다. 당시 저도 주인이었고, 예수님도 나름 주인이었습니다.

예수 믿는 것은 자기는 없고 예수로 사는 것입니다

죄로부터의 구원이 무엇인지 알고 보니 오늘날 교회에 자신의 죽음을 받아들이는 성도가 의외로 많지 않음을 알았습니다. 충성도 자신이 결정합니다. 말씀대로 살아야 할지도 자신이 결정합니다. 분명 내가 죽었다면 주님의 지시를 따라야 하는데, 그런데 어떻게 살아야 하는지를 자신이 다 결정합니다. 심지어 주님의 몸 된 교회를 섬기는 일에 있어서도 자신이 주체가 됩니다. 그러면서도 주님이 자신의 삶을 다스려 줄 것을 요청합니다. 자신도 주인이고 주님도 주인인 셈입니다. 사탄의 노림수입니다. 그렇게 믿으라는 것입니다.

어느 성도가 직장 복음화의 사명을 품었습니다. 그런데 어느 날 회식 자리에서 상무님이 주는 술잔을 거절했다가 옆자리에 앉은 중간 간부로부터 뺨을 맞았습니다. 너무나 큰 모욕감에 사표를 쓸 마음으로 그는 다음 날 기도원에 올라갔습니다. 그런데 기도하다가 이런 주님의 음성을 들었습니다. "나는 십자가에 달리기까지 했는데, 직장을 복음화하겠다는 너는 뺨 한 대 맞은 것을 견딜 수 없느냐?" 정말 그 직장을 복음화하겠다고 결심했으면 나오면 안 되는 것입니다. 주님의 말씀에 그가 울면서 기도원을 내려와 다음 날 다시 출근을 했습니다. 자아가 죽었다는 것은 이제는 육신이 이끄는 대로 살지 않겠다는 것입니다. 내 감정대로, 내 생각대로, 내 계획대로, 내 야망대로 살지 않겠다는 말입니다. 내가 주인이 아님을 선포하는 것입니다.

그런데 반전이 일어납니다. 자신이 죽으면 원통할 것 같습니다. 속상할 것 같습니다. 그런데 거기서 행복이 일어납니다. 사실 오늘 모든 불행은 자기를 섬기려고 하는 데서 일어납니다. 그것이 죄이기에 그리고 죄는 사망을 주기에 그렇습니다. 산상수훈에서 예수님께서 팔복을 말씀하십니다. 마음이 가난한 자, 애통해하는 자, 온유한 자, 화평케 하는 자 등등이 복이 있다는 것입니다. 자기는 없고 예수 그리스도로 사는 자입니다. 복이 있다는 말은 행복하다는 말로도 번역됩니다. 어떤 자에게 행복이 일어납니까? 자아가 죽은 사람입니다. 저는 그것을 경험합니다.

　사랑하는 여러분, 다시 옛사람으로 돌아가지 마시기 바랍니다. 내가 주를 위하여 사는 것도 아닙니다. 주님이 내 몸으로 사시는 것입니다. 우리는 예수로 살다 예수로 죽고 예수의 몸으로 부활하는 자들입니다. 행여 넘어지면 회개하고 다시 일어나십시오. 참된 믿음의 길을 걸으시기 바랍니다.

13
근심이 은혜가 됩니다

13
근심이 은혜가 됩니다
고린도후서 7:5-16

5 우리가 마게도냐에 이르렀을 때에도 우리 육체가 편하지 못하였고 사방으로 환난을 당하여 밖으로는 다툼이요 안으로는 두려움이었노라 6 그러나 낙심한 자들을 위로하시는 하나님이 디도가 옴으로 우리를 위로하셨으니 7 그가 온 것 뿐 아니요 오직 그가 너희에게서 받은 그 위로로 위로하고 너희의 사모함과 애통함과 나를 위하여 열심 있는 것을 우리에게 보고함으로 나를 더욱 기쁘게 하였느니라 8 그러므로 내가 편지로 너희를 근심하게 한 것을 후회하였으나 지금은 후회하지 아니함은 그 편지가 너희로 잠시만 근심하게 한 줄을 앎이라 9 내가 지금 기뻐함은 너희로 근심하게 한 까닭이 아니요 도리어 너희가 근심함으로 회개함에 이른 까닭이라 너희가 하나님의 뜻대로 근심하게 된 것은 우리에게서 아무 해도 받지 않게 하려 함이라 10 하나님의 뜻대로 하는 근심은 후회할 것이 없는 구원에 이르게 하는 회개를 이루는 것이요 세상 근심은 사망을 이루는 것이니라 11 보라 하나님의 뜻대로 하게 된 이 근심이 너희로 얼마나 간절하게 하며 얼마나 변증하게 하며 얼마나 분하게 하며 얼마나 두렵게 하며 얼마나 사모하게 하며 얼마나 열심 있게 하며 얼마나 벌하게 하였는가 너희가 그 일에 대하여 일체 너희 자신의 깨끗함을 나타내었느니라 12 그런즉 내가 너희에게 쓴 것은 그 불의를 행한 자를 위한 것도 아니요 그 불의를 당한 자를 위한 것도 아니요 오직 우리를 위한 너희의 간절함이 하나님 앞에서 너희에게 나타나게 하려 함이로라 13 이로 말미암아 우리가 위로를 받았고 우리가 받은 위로 위에 디도의 기쁨으로 우리가 더욱 많이 기뻐함은 그의 마음이 너희 무리로 말미암아 안심함을 얻었음이라 14 내가 그에게 너희를 위하여 자랑한 것이 있더라도 부끄럽지 아니하니 우리가 너희에게 이른 말이 다 참된 것 같이 디도 앞에서 우리가 자랑한 것도 참되게 되었도다 15 그가 너희 모든 사람들이 두려움과 떪으로 자기를 영접하여 순종한 것을 생각하고 너희를 향하여 그의 심정이 더욱 깊었으니 16 내가 범사에 너희를 신뢰하게 된 것을 기뻐하노라

고린도 교회에 바울을 대적하는 자가 있었고 바울은 교회가 그 성도를 공식적으로 징계할 것을 편지로 써서 디도 편에 보냈습니다. 디도가 돌아올 때쯤 바울은 초조한 마음으로 디도를 만나기 위해 마게도냐로 갑니다. 거기서 디도를 만나 그들이 바울에게 순종했다는 말을 듣고 하나님께 진심으로 감사합니다.

고린도후서 2장 14절입니다. **"항상 우리를 그리스도 안에서 이기게 하시고 우리로 말미암아 각처에서 그리스도를 아는 냄새를 나타내시는 하나님께 감사하노라."** 여기서 우리는 고린도 교회를 일컫는 말인데 바울이 그들과 하나임을 강조하기 위해서 우리라고 한 것이지요. 그들이 그리스도 안에서 이겼음을 감사한다고 합니다. 바울의 말에 순종한 것을 이긴 것으로 표현합니다. 무엇에 대한 승리였다는 말인가요? 고린도후서 2장 14절에 이어지는 내용이 고린도후서 7장 8절입니다. **"그러므로 내가 편지로 너희를 근심하게 한 것을 후회하였으나 지금은 후회하지 아니함은 그 편지가 너희로 잠시만 근심하게 한 줄을 앎이라."** 바울의 편지는 그들에게 큰 근심을 안겨주었습니다. 그 사람을 조용히 찾아가서 권면하라는 것도 아닙니다. 교회 대표가 개인적으로 그 사람을 만나서 책망하라는 것도 아닙니다. 함께 친하게 지내며 신앙생활한 사람을 공식적으로 징계하라고 합니다. 그게 쉽습니까? 그렇지 않아도 교회는 지금 바울의 사도성에 대해서 의심하는 성도들도 있습니다. 잘못하면 분란도 일어날 수 있습니다. 그럼에도 그렇게 하였습니다. 그들이 이긴 것은 근심이었습니다. 엄격히 말하면 세상 근심입니다.

하나님의 뜻대로 하는 근심과 세상 근심이 있습니다

바울은 근심을 하나님의 뜻대로 하는 근심과 세상 근심으로 구분합니다. 하나님의 뜻대로 하는 근심이 바로 근심을 이기는 것입니다. 세상 근심은 근심에 지는 것입니다. 세상 근심은 목적을 가지고 있습니다. 본문 10절에 나옵니다. **"하나님의 뜻대로 하는 근심은 후회할 것이 없는 구원에 이르게 하는 회개를 이루게 하는 것이요, 세상 근심은 사망을 이루는 것이니라."** 세상 근심은 우리를 사망토록 합니다. 잠언 17장 22절을 보면 **"마음의 즐거움은 양약이라도 심령의 근심은 뼈를 마르게 하느니라."** 근심을 육신을 골병들게 합니다. 한숨짓고 탄식하는데 당연히 그렇지요. 영적으로도 사망을 가져오는데, 세상 근심은 우리를 주님으로부터 떠나게 만듭니다. 영적인 죽음으로 몰고 가는 것이지요.

세상 근심을 하면 왜 이렇게 될까요? 먼저 기억해야 할 것은 사업을 위한 근심은 세상 근심이고 교회를 위한 근심은 하나님의 뜻대로 하는 근심이라는 것이 아닙니다. 무엇을 근심하느냐에 따라 구분되는 것이 아닙니다. 근심이 왔을 때 무엇을 붙잡느냐에 따라 나눠집니다. 세상 근심은 근심이 왔을 때 자기를 붙잡는 것을 말합니다. 세상 모든 사람들은 예외 없이 자기를 주인 삼고, 자기를 붙잡고 살기 때문에 그렇게 이름 붙인 것입니다. 자기를 붙잡는다는 말은 자기감정, 자기의 생각을 따라간다는 말입니다. 근심이 오면 마음에 불안과 낙담이 옵니다. 그러면 그 마음을 따라 한숨 쉬고, 탄식하며 살아갑니다.

고린도 교인들이 근심을 이겼다는 것은 그들은 근심 가운데서 하나님의 뜻대로 하는 근심을 한 것입니다. 하나님의 뜻은 우리 모두가 예수를 주로 삼고 살아가는 일입니다. 하나님의 뜻대로 하는 근심은 근심이 왔을 때 주님을 붙잡는 것입니다. 주님의 생각, 마음, 능력을 따라가는 것입니다. 그러면 어떤 일이 일어나느냐 하면 7장 10절에서 본 것처럼 구원에 이르는 회개를 하게 합니다. 구원에 이른다는 말은 주님과 더 가까워진다는 것입니다. 회개는 '메타노이어'라는 헬라어인데 생각, 관점에서의 변화를 말합니다. 근심이 왔을 때 주님이 주시는 마음과 생각을 붙잡으면 내 생각, 내 관점이 변합니다. 그러면서 더 주님을 굳건히 의지하게 됩니다. 생각과 관점이 달라지니까 한숨짓지 않고 오히려 감격과 기쁨이 일어납니다.

누구를 붙드느냐에 따라 근심이 달라집니다

바울에게 상시적인 근심거리는 육체적 가시였습니다. 그는 그 가시를 제거해 달라고 주님께 나아가지만, 주님은 허락하지 않았습니다. 주님은 바울로 하여금 자신의 약함을 깨닫게 하기 위해서 허락하지 않았습니다. 사람은 몸에 장애나 깊은 질병을 가지면 자신이 별것 없다는 생각을 가지게 됩니다. 주님의 그 마음이 바울에게 전달되자 바울은 육체의 가시를 보는 관점이 달라집니다. 그러자 주님을 더 의지하게 됩니다. 고린도 교인들도 마찬가지입니다. 고린도후서 7장 11절입니다. **"보라 하나님의 뜻대로 하게 된 이 근심이 너희로 얼마나 간절하게 하며 얼마나 변증하게 하며 얼마나 분하게 하며 얼마나 두렵게 하며 얼마나 사모하게**

하며 얼마나 열심 있게 하며 얼마나 벌하게 하였는가 너희가 그 일에 대하여 일체 너희 자신의 깨끗함을 나타내었느니라."

처음에는 그 사람을 징계하면 문제가 일어날 것 같고, 소란스러울 것 같고, 불안과 염려와 두려움이 있었습니다. 그러나 그것에 메이지 않고 그들은 그 근심을 주님께 가지고 나갔습니다. 주님 앞에 내놓았습니다. 주님의 마음, 주님의 생각을 붙잡으려고 하였습니다. 그 가운데 주님의 뜻을 깨닫습니다. 그러자 그들에게는 바울의 편지대로 하고 싶은 열의가 생겼습니다. 이것이 **'너희로 얼마나 간절하게 되며'**의 의미입니다. 또한 자신들이 과거 잘못한 것이 생각이 났습니다. 아, 그 사람이 과거 바울을 대적할 때, 우리가 그것을 정작 책망해야 하는데 우리 또한 그 사람과 함께 하였구나. 아, 우리가 잘못했구나! 이 뜻이 **"얼마나 변증하게 하며"**입니다. 한 사람을 징계하는 그 힘듦과 일어날 수 있는 일로 인한 불안과 두려움은 없어지고 자신들의 관점이 달라집니다. 결국 결과는 어떻게 됩니까? **"너희 자신의 깨끗함을 나타내었느니라."** 그들 자신이 영적으로 더 정결해진 것입니다.

예수 그리스도는 만유의 주관자이십니다. 그렇기에 우리에게 오는 모든 사건들 그것이 근심이든 절망이든 그것을 재료로 사용하여 우리를 얼마든지 유익하게 할 수 있습니다. 음식 잘하시는 분들은 재료가 없어도 있는 재료를 가지고 맛있는 음식을 얼마든지 만들 수 있지 않습니까? 삼시세끼에 차승원씨가 그렇게 한다죠. 요리사도 음식의 재료를 자신의 맘대로 사용하여 훌륭한 음식을 낼 수 있는데 만유의 주관자이신 예수님은 얼마든지 근심을 우리에게 유익을 주는 재료로 사용할 수 있습니다.

　사무엘의 어머니 한나는 자식이 없습니다. 자식이 없다는 것은 여인으로서 실패한 자요 하나님의 심판을 받은 것입니다. 그래서 두 번째 부인인 브닌나가 심하게 멸시하며 괄시합니다. 이때 한나가 하나님께 나아가는 그 모습을 사무엘상 1장 1절에 **"한나가 마음이 괴로워서 여호와께 기도하고 통곡하여"**라고 묘사합니다. '마음이 괴로워서는' NIV 영어 번역본에는 '깊은 근심 속에서'라고 되어 있습니다. 근심 속에서 주님께 나아갔습니다. 하나님 앞에 자신의 모든 근심을 다 아룁니다. 그런데 입으로 중얼중얼합니다. 이 모습을 당시 제사장 엘리가 보고 술 취하였다고 생각을 하고 너 왜 그렇게 취해 있느냐고 책망합니다. 한나가 대답합니다. (삼상 1:16) "당신의 여종을 악한 여자로 여기지 마옵소서 내가 지금까지 말한 것은 나의 원통함과 격분됨이 많기 때문이니이다." 무슨 말입니까? "내가 이렇게 여기 와서 기도하는 것은 내 속에 분노가 머리끝까지 차서 그렇습니다."라는 말입니다. 기막힌 이야기입니다. 분노가 찼음에도 그는 분노에 끌려가지 않았습니다. 하나님의 뜻대로 하는 근심을 합니다. 그때 엘리 대제사장이 한마디 합니다. (삼상 1:17) **"엘리가 대답하여 이르되 평안히 가라 이스라엘의 하나님이 네가 기도하여 구한 것을 허락하시기를 원하노라."** 한나는 엘리의 말을 하나님의 음성으로 듣습니다. 생각이 바뀝니다. 하나님이 자기에게 은혜 베푸신다는 것입니다. (삼상 1:18) **"이르되 당신의 여종이 당신께 은혜 입기를 원하나이다 하고**

가서 먹고 얼굴에 다시는 근심 빛이 없더라" 세상 근심을 했다면 평생 화병에 걸려 살았을 겁니다. 그러나 하나님의 뜻대로 하는 근심은 그의 마음뿐 아니라 삶을 축복으로 만들었습니다.

근심 가운데 주님을 붙들면 주님이 길을 내십니다

반대 이야기가 룻기에 나옵니다. 엘리멜렉과 나오미가 살고 있는 베들레헴에 흉년이 왔습니다. 두 아들을 키우고 있습니다. 흉년 때문에 어떻게 살아가냐? 근심이 올라왔습니다. 불안합니다. 초조합니다. 베들레헴에 남아 있다가는 죽을 것 같습니다. 엘리멜렉은 자신의 감정을 따라갑니다. 도무지 베들레헴에 남아 있을 수 없습니다. 그래서 그는 이방 땅 모압으로 갑니다. 하나님이 절대 교제하지 말라는 민족입니다. 거기서 남편과 두 아들이 죽습니다. 흉년이란 근심이 왔을 때, 하나님의 뜻대로 하는 근심을 해야 했습니다. 주님께 나아가 주님을 붙들어야 했습니다. 사실 이스라엘에 흉년이 와도 하나님께서 그들을 죽게까지 만들지 않았습니다. 그들이 주님을 붙들었다면, 주님의 음성을 들었다면 그들의 삶은 달라졌을 겁니다.

많은 성도가 경제적인 근심을 합니다. 어떤 분은 집에서 일을 하지 않고 있으면 불안해서 견딜 수가 없다고 합니다. 그래서 뭐라도 해야 할 것 같아서 일자리를 찾아봅니다. 일을 하는 것이 잘못된 것이 아니라 자기 감정, 자기 생각을 따르면서 주님과의 관계가 멀어진 자들이 얼마나 많습니까? 주님께 나아가 자신의 사정을 아뢰고 주님을 붙들려고 하였으면 주님이 그의 삶을 인도하지 않았을까요? 지금 코로나로 인하여 많은 사람이 근심합니다. 그 근심을 주님께 가지고 가서서 주님께 아뢰어야 합니다. 그럼 주님이 인도하실 것입니다.

베드로전서 1장 6절을 보면 **"그러므로 너희가 이제 여러 가지 시험으로 말미암아 잠깐 근심하게 되지 않을 수 없으나 오히려 크게 기뻐하는도다"** 베드로의 편지를 받는 이들은 혹독한 환난으로 인하여 큰 근심이 생겼습니다. 그러나 이들은 근심 가운데 주님을 찾습니다. 그때 어떤 일이 일어납니까? 그때 자신을 내어주시고 우리를 살리신 그 십자가의 사랑이 흘러들어옵니다. 그 사랑이 흘러들어오자 주님으로 인한 감격과 감사가 넘쳐납니다. 희한한 일이 일어납니다. (벧전 1:8) **"예수를 너희가 보지 못하였으나 사랑하는도다. 이제도 보지 못하나 믿고 말할 수 없는 영광스러운 즐거움으로 기뻐하니."** 예수를 보지 못했지만, 그 근심 속에 파묻히지 않고 근심을 이기며 살아갑니다.

우리는 참 연약합니다. 늘 똑같은 문제에 똑같이 근심합니다. 주님이 그 문제를 이기게 해 주었음을 보면서도 또 문제가 닥치면 우리는 힘들어 합니다. 사람은 그만큼 자신을 붙들어서는 안 된다는 말입니다. 나는 없고 오직 내 안에 주님이 계십니다. 그러니 오직 붙들 분은 주님밖에 계시지 않습니다. 그러면 그분이 나의 길이 되어 주십니다. 나의 생각과 사고를 변화시켜서 나를 새롭게 하실 것입니다. 하나님의 뜻대로 근심을 함으로 근심이 변하여 은혜가 되는 축복을 받으시기 바랍니다.

14
헌금은 무엇인가?

14
헌금은 무엇인가?
고린도후서 8:1-8

1 형제들아 하나님께서 마게도냐 교회들에게 주신 은혜를 우리가 너희에게 알리노니 2 환난의 많은 시련 가운데서 그들의 넘치는 기쁨과 극심한 가난이 그들의 풍성한 연보를 넘치도록 하게 하였느니라 3 내가 증언하노니 그들이 힘대로 할 뿐 아니라 힘에 지나도록 자원하여 4 이 은혜와 성도 섬기는 일에 참여함에 대하여 우리에게 간절히 구하니 5 우리가 바라던 거뿐 아니라 그들이 먼저 자신을 주께 드리고 또 하나님의 뜻을 따라 우리에게 주었도다 6 그러므로 우리가 디도를 권하여 그가 이미 너희 가운데서 시작하였은즉 이 은혜를 그대로 성취하게 하라 하였노라 7 오직 너희는 믿음과 말과 지식과 모든 간절함과 우리를 사랑하는 이 모든 일에 풍성한 것 같이 이 은혜에도 풍성하게 할지니라 8 내가 명령으로 하는 말이 아니요 오직 다른 이들의 간절함을 가지고 너희의 사랑의 진실함을 증명하고자 함이로라

바울이 고린도후서를 쓰기 1년 전 고린도 교회가 예루살렘 교회를 위하여 구제헌금을 할 것을 요청하였습니다. 예루살렘에 흉년이 오기도 하였지만, 당시 외국에 흩어져 살던 유대인들 중 홀로 된 여인들이 고국에서 인생을 보내기 위해서 왔었고 그들 중 많은 자가 예수를 믿었습니다. 흉년에다 가진 것이 없는 자들이었기에 어렵게 살 수밖에 없었습니다. 그

래서 바울이 다니면서 자신이 개척한 교회에 헌금을 요청한 것입니다. 디도가 와서 고린도 교인들이 바울의 말에 순종하였다는 말을 듣고 바울은 일 년 전 고린도 교회가 작정한 헌금을 해 줄 것을 요청하였습니다. 고린도후서 8장 10절입니다.

"이 일에 관하여 나의 뜻을 알리노니 이 일은 너희에게 유익함이라. 너희가 일 년 전에 행하기를 먼저 시작할 뿐 아니라 원하기도 하였나니."

그들에게 헌금을 요청하면서 이미 헌금을 한 마게도냐 교회를 소개합니다. 마게도냐 교회는 교회 이름이 아니고 마게도냐 지역에 있는 빌립보, 데살로니가, 베뢰아 세 교회를 가리키는 말입니다. 이들은 당시 예수 믿는 것으로 인하여 많은 핍박을 받았고, 그 지역이 로마의 속주이다 보니 많은 세금을 내야 했습니다. 2절을 보면 극심한 가난 속에 있다고 표현하는데, 원어를 보면 밑바닥 삶을 살았다고 되어 있습니다. 끼니조차 이을 수 없는 그런 형편이었습니다. 그런데 그들이 예루살렘 교회를 위해 헌금을 기쁨으로 그리고 풍성하게 합니다. 바울은 마게도냐 교회의 헌금 모습을 보여주면서 고린도 교회를 지금 독려하고 있는 것입니다. 마게도냐 교회의 헌금 모습이 모범이기에 오늘 우리는 마게도냐 교회를 통하여 헌금이 무엇인지를 배울 수 있습니다.

첫째 헌금은 은혜입니다

고린도후서 8장 1절입니다. **"형제들아 하나님께서 마게도냐 교회들에게 주신 은혜를 우리가 너희에게 알리노니"** 하나님께서 마게도냐 교회에 무엇을 주셨습니까? 그 은혜가 2절에 나옵니다. **"환난의 많은 시련 가운데서 그들의 넘치는 기쁨과 극심한 가난이 그들의 풍성한 연보를 넘치도록 하게 하였느니라."** 많은 환난과 가난 속에서도 기쁨 가운데 연보를 풍성하게 하였다는 것입니다. 환난 속에서 많은 헌금을 하였다는 것이 은혜라는 것입니다. 은혜는 받을 자격이 없는 자가 받은 하나님의 사랑입니다. 가정이 화목합니까? 하나님의 은혜입니다. 사업이 잘됩니까? 은혜입니다. 자녀들이 잘 자랍니다. 은혜입니다. 힘을 다해 헌금하며 살 때 많은 축복을 받습니다. 은혜입니다. 이것은 이해가 됩니다. 그런데 힘들게 사는 그들이 힘에 부치도록 헌금한 것, 그것이 은혜라고 합니다. 선뜻 이해가 안 됩니다.

왜 그것을 하나님의 은혜라고 할까요? 극심한 가난 가운데서, 그것도 형식으로 헌금하는 것이 아니라 힘에 지나치도록 헌금을 하려면 반드시 동기가 있어야 합니다. 다른 것으로는 되지 않습니다. 헌금은 주님께 하는 것입니다. 주님을 사랑해야 합니다. 주의 몸 된 교회를 사랑해야 합니다. 그렇게 사랑하려면 반드시 필요한 것이 주님의 사랑을 깨달아야 합니다. 좋은 예가 향유를 예수님 발에 부은 여인입니다. 어느 바리새인이 예수님을 집으로 초청해서 식사 대접을 합니다. 식사 중에 한 여인이 불쑥 그 집으로 들어옵니다. 그 여인은 그 동네 사람이라면 누구나 아는 사람이었습니다. 죄인이었습니다. 학자들은 창녀라고 합니다. 그러니 참 많은 죄를 지은 여인입니다. 들어와서는 예수님의 등 뒤에서 눈물로 그 발을 적시고 그 머리털로 발을 씻습니다. 그 당시 비스듬히 누워서 식사를 할 때였는데 발에 입 맞추고 향유를 그 발에 붓습니다. 이때 바리새인이 '예수님이 이 여자가 누구인 줄 알았다면 이렇게 내버려 두지 않았을 텐데'라고 생각합니다. 이때 예수님이 그 마음을 읽고는 도리어 그들에게 묻습니다. "여자가 왜 이러는 줄 아느냐? 두 사람이 어느 사람으로부터 돈을 빌렸는데 한 사람은 오천 만원, 한 사람은 오십만 원이다. 둘 다 갚을 수 없는 상황이다. 그래서 빌려준 사람이 불쌍해서 두 사람의 빚을 탕감해 주었다. 그중 누가 더 돈을 빌려준 사람을 사랑하겠느냐?" 말할 것 없이 오천 만원 빌린 사람일 겁니다. 예수님은 말씀을 이어가십니다. "이 여인이 왜 이렇게 자신이 가장 아끼는 것을 나에게 바치는 줄 아느냐? 그것도 감사와 기쁨으로 하는 줄 아느냐? 자신의 죄가 나로 말미암아 사함을 받은 줄을 알고 있기 때문이다. 많은 사랑을 받은 줄을 알기에 이렇게 하는 것이다."

마게도냐 사람들이 이렇게 힘에 부치도록 구제 헌금을 한 까닭은 물론 예루살렘 교회의 어려움을 알기에 그렇게 한 것도 있겠지만 근본 이유는 예루살렘으로부터 복음이 전해졌기 때문입니다. 복음이 그곳에서 전하여지지 않았으면 이방인 자신들은 절대 구원을 받지 못하였을 것입니다. 자신들을 구원한 주님의 사랑을 알았기에, 그 주님을 사랑하는 마음으로 그렇게 한 것입니다.

믿는 자에게서 최고의 축복, 최고의 은혜가 있다면 주님의 사랑을 깨닫고, 주님을 사랑하며 살아가는 일입니다. 성도에게 주님 사랑하는 것보다 더 중요한 것이 어디에 있습니까? 주님 사랑 깨닫지 못하고 물질을 사랑하면 힘에 부치는 헌금을 절대로 할 수 없습니다. 하나님의 은혜가 충만할 때 가능합니다. 모든 헌금의 기초는 주님 사랑입니다. 주님 사랑하는 마음으로 십일조이든, 주정이든, 감사든 무엇이든 힘을 다해 하시기 바랍니다. 그것이 은혜입니다.

둘째 헌금은 자신을 드리는 것입니다

고린도후서 8장 5절입니다. **"우리가 바라던 것뿐 아니라 그들이 먼저 자신을 주께 드리고 또 하나님의 뜻을 따라 우리에게 주었도다."** 본문을 보면 헌금을 드렸는데 자신을 드렸다고 합니다. 우리말에서 헌금은 영어로 '제물'이란 단어로 표현합니다. 이스라엘 백성들이 제사를 드릴 때 제물을 가져옵니다. 제물을 가져와서 제물에 안수합니다. 자신의 죄를 전가시킵니다. 그 제물을 태움으로 곧 자신이 죽은 것이 되어 죄 용서를 받습니다. 그 제물은 다름 아닌 누구입니까? 자신입니다. 그래서 헌금은 자신을 드리는 것입니다.

하나님께서 제물을 가져올 때, 흠 없는 것, 티가 없는 것을 가져오라고 합니다. 우리가 부모님께 돈을 드릴 때, 조각나고, 태워지고, 냄새나는 것 주지 않습니다. 존중하기 때문입니다. 그러나 그렇게 흠 없는 것을 가져오라고 할 때 더 깊은 중요한 이유가 있습니다. 하나님은 우리를 흠 없고 티 없는 하나님의 백성으로 삼았습니다. 완전히 죄가 없는 하나님의 백성으로 삼았습니다. 제물이 나를 대표한다면, 결국 어떤 제물을 가져와야 합니까?

누가복음을 보면 예수님께서 성전 마당에 서서 사람들이 헌금하시는 모습을 보셨습니다. 먼저 부자가 돈을 넣습니다. 많은 돈이 들어갑니다. 다음 가난한 과부가 돈을 넣습니다. 동전 두 닢입니다. 그 모습을 보시고 주님이 말씀합니다. (눅 21:4) **"저들은 풍족한 중에서 헌금을 넣었거니와 이 과부는 그 가난한 중에서 자기가 가지고 있는 생활비 전부를 넣었느니라."** 여기서 중요한 포인트는 무엇입니까? 헌금은 생활비 전부를 바치는 것이라는 말입니까? 아닙니다. 자기가 가지고 있는 생활비 전부를 넣었음을 강조하는 것은 자신의 생명을 넣었다는 말입니다. 적어도 그 여인에게 그 남은 돈은 그의 생명입니다. 그 여인은 자신을 드린 것입니다. 마게도냐 사람들이 힘든 가운데서도 힘에 부치도록 하였다는 말은 자신의 생명, 곧 자신을 드린 것입니다.

헌금은 자신을 드리는 것이기에 그 헌금이 자신을 대표할 수 있어야 합니다. 자신의 능력, 자신의 수입, 자신의 믿음 등등을 대표할 수 있어야 합니다. 구약에서 제물을 가져올 때, 가난한 자는 산비둘기라도 됐습니다만 부자는 양을 가져와야 합니다. 자신을 대표하기에 수입이 많은 자가 수입이 적은 자와 같이해서는 안 됩니다. 수입이 많은 가정이 수입이 적은 가정같이 해서는 안 됩니다. 그러나 주님을 사랑하면 사랑할수록 그는 그 형편을 넘어서서 하려고 할 것입니다. 자신을 드리는 헌금이 되기를 축복합니다.

셋째 헌금은 내 믿음을 지킵니다

우리가 헌금에 대해서 크게 오해하는 것이 있습니다. 본문 9장 7절을 보시면 **"각각 그 마음에 정한 대로 할 것이요 인색함으로나 억지로 하지 말지니 하나님은 즐겨 내는 자를 사랑하시느니라."** 헌금은 마음에 정한 대로, 즐겨내야 한다는 것입니다. 우리는 이 구절을 '헌금은 강요해서 안 되며 또한 액수보다는 마음이 중요하다'라고 해석합니다. 크게 잘못된 해석입니다. 그렇게 해석하면, 다른 것은 주님의 뜻대로 해야 한다고 하면서, 헌금에서만은 자기가 원하는 대로 해야 한다고 말하는 셈이 됩니다. 결국 자기의 마음을 붙잡고 살아가는 즉 자기가 주인 된 삶이 됩니다. 잘 이해하셔야 합니다. 주님이 마음에 정한 대로 즐겨 내라고 할 때 주님은 그 범위를 정해 놓았습니다. 헌금은 자신을 대표하는 것이기에 반드시 자신의 힘대로 또는 힘에 지나도록 해야 합니다. 그 안에서 정하여 즐겨내라는 말씀입니다.

결국 내가 헌금을 어떻게 하느냐는 곧 내가 누구를 주인으로 섬기고 있는지를 보여주는 것입니다. 내가 나의 마음을 기준 삼지 않고, 주님의 뜻을 따라온 힘으로 헌금을 하는 것은 다름 아닌 예수님만이 나의 참 주인이심을 고백하는 일입니다. 나아가서 물질이 내 주인이 아님을 선포하는 것, 돈이 나의 목자가 아니며, 돈이 나를 푸른 초장으로 이끌지 않음을 고백하는 것입니다.

헌금에는 그런 의미가 있기에 우리의 믿음을 자라게 해 줍니다. 성경을 왜 읽어야 하는지 몰라도 읽으면 믿음이 생기며 자랍니다. 헌금 또한 마찬가지입니다. 어떻든 힘대로, 힘에 지나도록 헌금을 하려고 애쓸 때 그것이 주님을 사랑하며, 주님만을 섬기겠다는 고백이기에 실제 내 믿음이 그렇게 자랍니다. 또한 그것이 믿음을 지킵니다. 실제 환난이 왔을 때 믿음의 자리를 끝까지 지키는 사람은 힘껏 헌금생활을 하시는 분들입니다.

자녀들이 진정 믿음으로 살기를 바란다면 헌금을 하도록 만들되 힘을 다해 하도록 시켜야 합니다. 돈이 없는 어린 자녀는 부모님들이 대신 돈을 줘서라도 그렇게 훈련시켜야 합니다. 오직 주님만이 주인 되심을 알도록 해야 합니다.

헌금은 내 믿음만을 지키는 것이 아닙니다. 나의 재정 또한 보호를 받도록 해 줍니다. (마 6:20) **"오직 너희를 위하여 보물을 하늘에 쌓아두라 거기는 좀이나 동록이 해하지 못하며 도둑이 구멍을 뚫지도 못하고 도둑질도 못하느니라."** 주님을 사랑하는 마음으로 힘대로 또는 힘에 지나도록 헌금을 하시는 분들이 계십니다. 힘내시기 바랍니다. 그것은 절대 헛되지 않습니다. 그것은 전부 남아 있습니다. 바른 헌금을 함으로 믿음이 더욱 강해지며 주님의 은혜를 누리시는 우리가 되어야겠습니다.

15
축복 헌금이 되어야 합니다

15
축복 헌금이 되어야 합니다
고린도후서 9:1-15

1 성도를 섬기는 일에 대하여는 내가 너희에게 쓸 필요가 없나니 2 이는 내가 너희의 원함을 앎이라 내가 너희를 위하여 마게도냐인들에게 아가야에서는 일 년 전부터 준비하였다는 것을 자랑하였는데 과연 너희의 열심히 퍽 많은 사람들을 분발하게 하였느니라 3 그런데 이 형제들을 보낸 것은 이 일에 너희를 위한 우리의 자랑이 헛되지 않고 내가 말한 것 같이 준비하게 하려 함이라 4 혹 마게도냐인들이 나와 함께 가서 너희가 준비하지 아니한 것을 보면 너희는 고사하고 우리가 이 믿던 것에 부끄러움을 당할까 두려워하노라 5 그러므로 내가 이 형제들로 먼저 너희에게 가서 너희가 전에 약속한 연보를 미리 준비하게 하도록 권면하는 것이 필요한 줄 생각하였노니 이렇게 준비하여야 참 연보답고 억지가 아니니라 6 이것이 곧 적게 심는 자는 적게 거두고 많이 심는 자는 많이 거둔다 하는 말이로다 7 각각 그 마음에 정한 대로 할 것이요 인색함으로나 억지로 하지 말지니 하나님은 즐겨 내는 자를 사랑하시느니라 8 하나님이 능히 모든 은혜를 너희에게 넘치게 하시나니 이는 너희로 모든 일에 항상 모든 것이 넉넉하여 모든 착한 일을 넘치게 하게 하려 하심이라 9 기록된 바 그가 흩어 가난한 자들에게 주었으니 그의 의가 영원토록 있느니라 함과 같으니라 10 심는 자에게 씨와 먹을 양식을 주시는 이가 너희 심을 것을 주사 풍성하게 하시고 너희 의의 열매를 더하게 하시리니 11 너희가 모든 일에 넉넉하여 너그럽게 연보를 함은 그들이 우리로 말미암아 하나님께 감사하게 하는 것이라 12 이 봉사의 직무가 성도들의 부족한 것을 보충할 뿐 아니라 사람들이 하나님께 드리는 많은 감사로 말미암아 넘쳤느니라 13 이 직무로 증거를 삼아 너희가 그리스도의 복음을 진실히 믿고 복종하는 것과 그들과 모든 사람을 섬기는 너희의 후한 연보로 말미암아 하나님께 영광을 돌리고 14 또 그들이 너희를 위하여 간구하며 하나님이 너희에게 주신 지극한 은혜로 말미암아 너희를 사모하느니라 15 말할 수 없는 그의 은사로 말미암아 하나님께 감사하노라

마게도냐 교회가 헌금하기 전 바울은 부유한 고린도 교회에 헌금을 먼저 요청하였습니다. 그때 그들은 풍족하게 할 것을 약속했습니다. 그러나 고린도 교회 내에 거짓 교사들이 들어오고 바울을 의심하는 성도가 생기면서 헌금이 제대로 되지 않았습니다. 바울은 제자 디도를 통해 고린도 교회가 바울의 말에 순종했음을 듣고는 다시 1년 전 작정한 대로 헌금할 것을 요청합니다. 그러면서 어떻게 헌금해야 할 것인지를 가르쳐줍니다. 고린도전서 9장 3절입니다. **"그런데 이 형제들을 보낸 것은 이 일을 위한 우리의 자랑이 헛되지 않고 내가 말한 것 같이 준비하게 하려 함이니라."** 바울은 준비한 헌금을 거듭 강조합니다. 5절을 보시면, **"그러므로 내가 이 형제들로 먼저 너희에게 가서 너희가 전에 약속한 연보를 미리 준비하게 하도록 권면하는 것이 필요한 줄 생각하였노니 이렇게 준비시켜야 참 연보답고 억지가 아니니라."** 디도를 비롯한 세 사람이 고린도 교회에 가서 권면을 한다는 것입니다. 권면은 알아듣도록 여러 번 타이르는 것입니다. 헌금을 준비하도록 그렇게 한다는 것입니다.

준비된 헌금은 수입에 따라 떼어 놓은 헌금입니다

헌금을 어떻게 준비해야 하느냐는 고린도전서 16장 2절에 나와 있습니다. **"매주 첫날에 너희 각 사람이 수입에 따라 모아 두어서 내가 갈 때에 연보를 하지 않게 하라"** 매주 첫날 수입에 따라서 작정한 헌금을 일부씩 해서 모아 두라는 것입니다. 준비하는 헌금은 다름 아닌 자신의 수입에 따라서 미리 떼어 놓는 것을 말합니다. 왜 이것이 중요하냐 하면 이렇게 수입에 따라 떼어 놓으려면 반드시 지켜야 할 것이 있습니다. 생활을 우선시해서는 안 됩니다. 생활이 우선이 되면 이렇게 매주 떼어놓을 수 없습니다. 일수를 생각하시면 됩니다. 일수는 매일 일정한 금액을 납입해야 합니다. 그날 수입이 생활비도 안 됩니다. 그래도 일수는 떼어야 합니다. 마찬가지로, 생활에 따라 하려면 생활 형편에 따라 떼어놓을 수도 있고 그렇지 않을 수 있습니다. 불규칙합니다. 그러나 수입에 따라 하려면 생활을 뒤로하고 먼저 떼어 놓아야 합니다. 즉 수입에 따라 준비하라는 말은 생활보다 헌금을 우선 하라는 말입니다.

생활을 우선하게 되면 헌금을 어떻게 합니까? 우리가 자녀들 가르치고, 저금하고, 보험비, 경조비 내고, 물건도 사야하고, 할 것 참 많습니다. 생활을 해 나가는 데 있어서 거의 모든 가정이 여유가 늘 없습니다. 수입이 많든 적든, 생활을 먼저 하고 헌금을 하려고 하면 헌금할 여유가 없습니다. 설사 돈이 남아도 생활을 우선으로 하게 되면 돈에 대한 탐심이 일어납니다. 본문 5절 하반부를 보면 **'이렇게 준비하여야 참 연보답고 억지가 아니니라'**고 합니다. 억지라는 단어에 숫자가 쓰여 있습니다. 성경 아래를 보면 그 단어 즉 '억지'라는 단어는 헬라어에 '탐심'이라고도 읽혀진다고 기록되어 있습니다. 무슨 말이냐 하면 생활을 고려하면 돈에 대한 욕심이 일어나지 않을 수 없습니다. 7절 말씀입니다. **각각 그 마음에 정한 대로 할 것이요 인색함으로나 억지로 하지 말지니 하나님은 즐겨내는 자를 사랑하시느니라.** 마음으로는 잘 드리고 싶은데 실제로 되지 않습니다. 그리고 간신히 하게 됩니다. 하면서도 아까운 마음이 듭니다.

　교회의 지체된 우리는 십일조는 물론이고 주정, 선교, 감사, 비전 헌금, 등등은 모두 참여하여야 합니다. 자신의 수입에 따라 참여하면 됩니다. 그러려면 먼저 떼어놓아야 합니다. 주님이 나의 삶의 주권자임을 고백하면서 수입에 따라 먼저 떼어놓는 것, 이것이 참 헌금입니다.

준비된 헌금은 복입니다

　그런데 5절의 연보라는 단어는 우리말로 그렇게 번역한 것이지 원문인 헬라어에서는 연보로 기입이 되지 않았습니다. 원래 헬라어는 "복"이란 단어로 기록되어있습니다. 이렇게 준비된 헌금이 참 복이 된다는 뜻입니다.

　고린도후서 9장 6절입니다. **"이것이 곧 적게 심는 자는 적게 거두고 많이 심는 자는 많이 거둔다 하는 말이로다"** '많이'라는 단어는 원래 헬라어는 '복으로'입니다. 준비된 헌금이 복이니까 결국 그는 복으로 심는 자가 됩니다. 주님은 농사의 법칙을 가져와서 말씀을 하십니다. 농사는 반드시 심은 대로 거둡니다. 예외가 절대 없습니다. 팥 심은 데서 콩 날 확률이 절대 없습니다. 절대 불가능입니다. 복을 심으면 반드시 복을 거둡니다. 물론 신앙생활하다 보면 갑작스러운 헌금이 있을 수 있습니다. 만약 교회가 수해를 많이 입었습니다. 그럼 수해 헌금을 할 수도 있지 않겠습니까? 특별헌금입니다. 그때는 준비를 못 한 상태에서 자신의 힘대로 다해야 합니다만 나머지는 준비하여야 합니다. 힘들지만 내 생활로 인해 헌금이 좌우되지 않도록 미리 떼 내는 것입니다. 그 헌금은 복이 됩니다. 헌금이 얼마나 큰 복의 통로인지 바울은 자세히 설명합니다.

첫째, 사람들로 하여금 하나님께 감사토록 만듭니다.

고린도 교인들이 한 헌금이 저 멀리 이름도 알지 못하는 예루살렘 가난한 자들에게 당도하였습니다. 그럼 그들이 먼저 무엇을 할까요? 감사할 것입니다. 누구에게 먼저 할까요? 하나님입니다. 11절에 나옵니다. **"너희가 모든 일에 넉넉하여 너그럽게 연보를 함은 그들이 우리로 말미암아 하나님께 감사하게 하는 것이라."** 어떻게 감사만 하겠습니까? 하나님께서 저 멀리 고린도 교회를 통하여 자신들을 돕도록 한 것에 대해서 하나님을 찬양합니다. 13절입니다. "이 직무로 증거를 삼아 너희가 그리스도의 복음을 진실히 믿고 복종하는 것과 그들의 모든 사람을 섬기는 너희의 후한 연보로 말미암아 하나님께 영광을 돌리고"

우리가 선교헌금을 냅니다. 그럼 선교사들이 어떻게 합니까? 당연히 선교헌금을 주신 하나님께 감사할 것입니다. 주차 부지를 위해서 헌금하였습니다. 주일 대표 기도자들이 '주님, 주차 부지를 주셔서 감사합니다.'라고 합니다. 나의 헌금이 그들로 하여금 하나님께 감사토록 만들며, 하나님께 영광을 돌리도록 만듭니다. 내 헌금이 복의 통로가 된 것입니다.

둘째, 헌금한 자는 늘 축복기도를 받습니다

교회가 보낸 선교헌금을 받은 선교사가 우리 교회를 보면서 기도합니다. 주님 선교헌금 보낸 교회를 지켜 주옵소서. 교회에 은혜를 주시옵소서. 교회가 선교 사역 잘 감당할 수 있도록 더 큰 복을 주옵소서! 기도합니다. 그럼 그 기도는 사실 누구에게 하는 것입니까? 선교헌금을 내는 자들에게 하는 기도입니다. 그들을 지켜 달라고 하는 기도입니다. 그들의 사업을 흥왕케 해 달라는 기도입니다.

셋째, 주님으로부터 복을 받습니다

고린도후서 9장 8절입니다. **"하나님이 능히 모든 은혜를 너희에게 넘치게 하시나니 이는 너희로 모든 일에 항상 모든 것이 넉넉하여 모든 착한 일을 넘치게 하려 하심이라."** 그렇게 헌금한 자들에게 모든 은혜를 넘치도록 하겠다는 것입니다. 왜 그런 은혜를 넘치도록 할까요. 모든 것이 넉넉하여 모든 착한 일을 넘치게 하도록 하기 위함입니다. 자식이 있는데 한 자식은 아버지의 뜻을 이루는 일에 힘을 다해 자신의 것을 사용합니다. 한 자식은 물질을 자신을 위해서만 사용하려고 합니다. 아버지께 인색합니다. 그럼 아버지가 누구에게 풍성한 은혜를 주고, 넉넉하게 하겠습니까?

사실 예루살렘 교회는 고린도 교회에 갚아 줄 것이 없습니다. 그러나 고린도 교회는 그들을 위해 구제헌금을 하였을지라도 주님께 드린 것입니다. 그 헌금이 주님의 선한 뜻을 이룬 것입니다. 그럼 주님께서 어떻게 하시겠다고 하십니까? 마태복음 7:12절입니다.

"그러므로 무엇이든지 남에게 대접을 받고자 하는 대로 남을 대접하라 이것이 율법이요 선지자니라."

율법이요 선지자라는 말은 모든 성경이 말하는 것이라고 합니다. 남에게 대접을 받고자 하는 대로 남을 대접하라는 말입니다. 이 말은 요사이 우리 식으로 주고받는 것(give and take)을 말함이 아닙니다. 주님은 우리가 구제할 때, 은밀히 하라고 합니다. 구제를 한 그 사람으로부터 대접을 받으려고 하지 말라는 것입니다. 그리고 그는 대접할 힘도 없습니다. 그럼 본문에서 나를 대접해 주는 사람은 누구입니까? 다른 사람입니다. 주님께서는 다른 사람을 사용해서 나를 대접하도록 만들겠다는 말입니다. 주님이 친히 사람을 통하여 대접을 하신다는 말이지요. 10절입니다.

"심는 자에게 씨와 먹을 양식을 주시는 이가 너희 심을 것을 주사 풍성하게 하시고 너희 의의 열매를 더하게 하시리니."

우리를 넉넉하게 하사 더 많이 헌금할 수 있도록 하시겠다는 것입니다. 하나님이 친히 누군가를 동원해서 그렇게 만들어 주시겠다는 것입니다. 여러분들이여, 나에게 많은 물질을 주면 제가 헌금하겠습니다가 아닙니다. 먼저 주님이 주신 능력대로 힘을 다하여 준비된 헌금을 하십시오. 그러면 이런 은혜를 받습니다.

우리들 중에 힘든 분이 계십니다. 생활 중심이 아니라 주님 말씀처럼 내 수입에 따라 힘을 다해 먼저 헌금을 떼어놓고 한 번 살아보시기 바랍니다. 생활 중심이 아닌 주님 중심의 삶을 살아보시기 바랍니다. 반드시 말씀대로 될 것입니다. 지금 그렇게 헌금생활을 하시는 분들도 있는 줄 압니다. 복을 심고 있으니 복으로 거둘 줄을 믿으시기 바랍니다. 그러나 우리 모두 참된 헌금을 하셔야 할 줄 압니다. 이 은혜가 있기를 소망합니다.

16
예수로 살 때 능력이 나타납니다

16
예수로 살 때 능력이 나타납니다

고린도후서 10:1-11

1 너희를 대면하면 유순하고 떠나 있으면 너희에 대하여 담대한 나 바울은 이제 그리스도의 온유와 관용으로 친히 너희를 권하고 2 또한 우리를 육신에 따라 행하는 자로 여기는 자들에 대하여 내가 담대히 대하는 것 같이 너희와 함께 있을 때에 나로 하여금 이 담대한 태도로 대하지 않게 하기를 구하노라 3 우리가 육신으로 행하나 육신에 따라 싸우지 아니하노니 4 우리의 싸우는 무기는 육신에 속한 것이 아니요 오직 어떤 견고한 진도 무너뜨리는 하나님의 능력이라 모든 이론을 무너뜨리며 5 하나님 아는 것을 대적하여 높아진 것을 다 무너뜨리고 모든 생각을 사로잡아 그리스도에게 복종하게 하니 6 너희의 복종이 온전하게 될 때에 모든 복종하지 않는 것을 벌하려고 준비하는 중에 있노라 7 너희는 외모만 보는도다 만일 사람이 자기가 그리스도에게 속한 줄을 믿을진대 자기 그리스도에게 속한 것 같이 우리도 그러한 줄을 자기 속으로 다시 생각할 것이라 8 주께서 주신 권세는 너희를 무너뜨리려고 하신 것이 아니요 세우려고 하신 것이니 내가 이에 대하여 지나치게 자랑하여도 부끄럽지 아니하리라 9 이는 내가 편지들로 너희를 놀라게 하려는 것 같이 생각하지 않게 함이라 10 그들의 말이 그의 편지들은 무게가 있고 힘이 있으나 그가 몸으로 대할 때는 약하고 그 말도 시원하지 않다 하니 11 이런 사람은 우리가 떠나 있을 때에 편지들로 말하는 것과 함께 있을 때에 행하는 일이 같은 것임을 알지라

고린도후서 8-9장은 바울이 고린도 교회가 1년 전 작정한 구제헌금을 다시 시작할 것을 요청하는 내용이었습니다. 훗날 바울의 편지는 주님의 말씀이 되었습니다. 그렇다면 바울은 분명히 편지를 쓸 때 신중에 신중을 기하였음이 틀림이 없습니다. 한 자 한 자를 성령의 감동으로 기록하였을 겁니다. 그러다 보면 여러 날이 걸려서 편지가 완성될 수밖에 없습니다. 그렇게 편지를 쓰는 중에 새로운 소식이 들어옵니다. 외부에서 고린도를 방문한 거짓 교사들의 선동에 교인 일부가 넘어가 그들과 함께 바울의 사도성을 공격한다는 내용입니다. 고린도 교회에 또 위기가 닥친 것입니다. 그래서 바울은 자신의 사도성을 변호하는 글을 써서 편지에 붙입니다. 이것이 고린도후서 10-13장입니다.

거짓 교사들은 편지 속의 바울과 만났을 때의 바울이 다르다고 공격하였습니다.

거짓 교사들은 무엇을 가지고 바울을 공격하였을까요? 고린도후서 10장 1절 앞부분을 보면, **"너희를 대면하면 유순하고 떠나 있으면 너희에 대하여 담대한 나 바울은"**라는 말이 나옵니다. 이 말은 바울이 한 말이 아니라 거짓 교사들이 한 말을 인용한 말입니다. '너희들은 나를 보고 너희와 대면할 때는 유순하고 너희를 떠나 있으면 너희에 대하여 담대하다고 그렇게 말을 하는데....'라는 말입니다. 여기서 유순하다(타페이노스 ππε ιvο)는 말은 '연약하다,' 또는 '비굴하다'는 말입니다. 부하 직원이 직장 상사에게 자신을 맞춰 가려고 애씁니다. 자신의 주장을 내 세우지 않고 상사의 주장을 무조건 옳다고 하고 상사를 치켜세웁니다. 옆에서 보면 약한 자의 모습이면서 비굴한 모습으로 보일 수 있습니다. 세상 시각으로 바울이 그런 모습으로 비친다는 것입니다. 충분히 그렇게 보일 수 있습니다. 고린도후서 10장 1절 끝부분을 보면 **"그리스도의 온유와 관용으로 친히 너희를 권하고"** 관용은 그들의 허물과 결점을 다 받아주는 모습입니다. 온유하다는 말은 분을 내거나, 윽박지르거나 그리고 화를 내지 않는 모습입니다. 부드럽게 그들을 가르칩니다. 사도의 권위로 강하게 그들을 명령하는 것이 아닙니다.

에베소의 한 동굴에서 시리아어로 된 사본이 하나 발견되었는데 2세기 것입니다. 바울에 대한 이야기가 적혀 있었는데, "그는 크지도 작지도 않은 체구에 머리숱이 얼마 안 되는 사람이었고, 다리가 약간 휘고 무릎은 툭 튀어나왔으며, 눈이 크고 양쪽 눈썹이 맞닿아 있었고, 코가 길고 은혜와 자비로 충만했다. 그는 어떤 때는 사람으로 보였다가 어떤 때는 천사처럼 보였다!"라고 되어 있습니다. 성도들과의 관계에서는 바울이 천사처럼 행동했다는 것입니다.

그런데 편지로서는 담대하다고 합니다. 여기서 담대하다는 말은 '강경하다', '고압적이다'는 말입니다. 사도의 권위를 가지고 강경하게 그들을 대합니다. 좋은 예가 지난번 디도를 통해서 자신을 대적한 고린도 교인을 교회가 공식적으로 회의하여 징계하라고 편지하지 않았습니까? 고린도 교인들이 보기에는 아주 고압적입니다.

그것을 보면서 "바울이 진짜 사도가 맞느냐?" 라고 그들이 걸고넘어진 것입니다. 당시 그리스 문화에서 편지는 눈앞에 있을 때 나타내는 성품을 그대로 보여주어야 합니다. 눈앞에 나타난 바울은 약한 자입니다. 편지도 그럼 약한 바울을 보여주어야 하는데 강한 바울을 보여줍니다. 앞뒤가 맞지 않는 것입니다. 만났을 때 천사이면 편지도 천사여야 하는데 그게 아니라는 것입니다. 그래서 바울을 이중적이며 진실하지 못한 사람, 사도로서 자격이 없는 사람으로 공격한 것입니다.

주님만이 사람을 변화시킵니다

바울은 자신이 왜 그렇게 하였는지를 설명합니다. 본문 고린도후서 10장 8절입니다. **"주께서 주신 권세는 너희를 무너뜨리려고 하신 것이 아니요 세우려고 하신 것이니 내가 이에 지나치게 자랑하여도 부끄럽지 아니하리라."** 너희를 세우기 위해서 내가 그렇게 하였다는 것입니다. 내가 강한 필체로 그렇게 편지를 썼어도 너희를 대면하였을 때에는 유모와 같이 너희들을 받아주고, 너희들을 달래며, 너희들에게 맞춰준 까닭은 너희를 세우기 위해서라는 것입니다. 반드시 그렇게 해야만 교회의 일군을 세울 수 있다는 것입니다. 조금 갸우뚱거려집니다. 천사와 같은 모습으로만 자녀들을 대한다면 자녀가 과연 바른 아이로 성장할 수 있을까요? 때로는 엄마의 권위로 강제하고 그렇게 해야 하지 않을까요? 다른 모든 관계도 마찬가지입니다.

바울도 그렇게 해야만 한 사람을 세울 수 있다는 것입니다. 그럼 목회를 하는 바울이 성도를 세운다는 것은 무슨 의미입니까? 레슬링 코치가 선수를 세운다는 것은 그를 우수한 선수로 만든다는 것입니다. 바울에게 성도를 세운다는 것은 성도들로 하여금 그리스도를 닮도록 만드는 것입니다. 사실 목회뿐이 아닙니다. 예수를 믿는 자로서 자녀 양육의 목표도 자녀가 그리스도를 닮도록 하는 것입니다. 모든 성도에게 주어진 사명도 이것입니다. 땅끝까지 가서 복음을 전하라는 궁극적 의미는 우리를 통하여 세상 사람들이 그리스도를 알고 닮도록 하라는 말입니다.

그럼 이 일이 어떻게 이뤄집니까? 이렇게 하면 우리는 사람을 그리스도를 닮도록 할 수 없습니다. 본문 3절입니다. **"우리가 육신으로 행하나 육신에 따라 싸우지 아니하노니."** 헬라어에서 육신은 두 개 있습니다. 먼저 눈에 보이는 몸($\sigma\omega\mu\alpha$)을 말할 때 사용합니다. 또 하나의 육신은 눈에 보이지 않습니다. 사르코($\sigma\alpha\rho\xi$)라는 단어를 사용하는데, 자기중심성을 말합니다. 본문의 육신은 자기중심성을 말합니다. '우리가 육신으로 행하나'라는 말은 우리는 늘 자기중심성과 함께 살아간다는 말입니다.

그렇습니다. 사람들은 다 자기중심으로 살아갑니다. 일을 할 때도, 사람을 만날 때도 다 그렇습니다. 본문에 싸우다(스트라튜오 $\sigma\tau\rho\alpha\tau\epsilon\acute{\upsilon}\omega$)는 군 복무를 하다는 뜻입니다. 자기중심으로 사는 사람은 군인이 군대에 복무하듯이 자기를 위해 살아가는 사람입니다. 그렇기에 사람들은 자신의 권위, 자신의 기질을 이용해서 다른 사람들을 바꾸려고 합니다. 자기가 바꾸려고 하는데 그것이 뜻대로 되지 않으니까 거기에서 화가 나오고 비판이 나오며 다투는 것입니다. 일례로 아이가 다 어질러 놓았습니다. 왜 신경질이 날까요? 자기가 가르쳤는데 아이가 자기 뜻대로 하지 않았기 때문입니다. 그렇게 자기중심성이 드러날 때 그 사람을 보면서 과연 주님을 닮을 수 있을까요? 제가 "여러분 사랑하십시오!"라고 설교한 다음, 여러분들이 사랑하지 않으면 왜 사랑하지 않느냐고 질책하며 여러분과 다투면 여러분들이 사랑하는 사람이 됩니까? 오히려 나를 보고 다투는 사람이 될 것입니다. 자기가 주인이 되어서 자기가 사람을 바꾸려고 하면 그곳에서는 결단코 사람이 세워지지 않습니다.

바울은 나는 그렇게 살지 않는다는 것입니다. 지금 너희들은 나에게 그것을 요구하고 있다는 것이지요. 편지가 강경하면 성도들에게도 강경하게 대하라고는 것이지요. 바울의 편지는 강경하게 보일 수밖에 없습니다. 편지는 설교와 같은 것이기에 설교는 진리를 선포하는 것이기에 진리는 분명하게 틀림없이 증거 해야 하기에 듣는 사람은 때로 강경하게 들립니다. 그러나 사람과의 관계에서도 강경하게 하려면 그것은 육신을 따라 살아야 하는 일입니다. 육신을 따라 살면서 어떻게 너희들을 주님 닮도록 만들 수 있느냐는 것입니다. 주님을 닮으려면 한 가지 일이 일어나야 하는데 본문 5절입니다. **"하나님 아는 것을 대적하여 높아진 것을 다 무너뜨리고 모든 생각을 사로잡아 그리스도에게 복종하게 하니"** 그들의 모든 생각을 그리스도에게 복종토록 만들어야 합니다. 이게 무슨 말입니까? 자기중심으로 살다 보니 분노합니다. 고집을 피웁니다. 그런데 그가 깨닫습니다. 아니야, 이런 나는 죽었어. 자기중심으로 사는 나는 죽었어. 나의 주인은 내 안에 계신 주님이셔. 나는 주님을 드러내야 해! 자기의 육신 적인 생각과 주장을 그리스도께 복종시켜야 합니다. 그때 변화가 일어납니다.

복음적인 삶을 통해서만 그들을 주님께 데려갈 수 있습니다

저의 목회의 목표는 이것입니다. 여러분들이 자신의 모든 생각을 다 주님께 복종시키도록 하는 일입니다. 그러면 신앙의 자립이 일어납니다. 자녀를 출가시킬 때 부모들이 가장 먼저 봐야 할 것은 '내 자녀가 신앙의 자립이 되었느냐' 입니다. 우리는 경제적인 자립만을 봅니다. 그보다 더 중요한 것이 신앙의 자립입니다. 그럴 때 그들은 온전한 믿음의 가정을 이룰 수 있습니다. 신앙의 자립이 일어나면 누가 뭐래도 충성합니다. 기도합니다. 늘 자신을 주님께 복종시키기 때문입니다. 게으르다가도 내가 이렇게 살아서 안 되지. 나는 예수로 살아야 해! 돌아갑니다. 많은 신학자들이 코로나 사태를 보면서 앞으로 교회의 장래는 얼마나 많은 자립된 신자를 키우느냐에 달렸다고 합니다. 그 동안 교회가 모이게 하고, 봉사하도록 하고, 기도하도록 만들었습니다. 그래서 신앙이 유지되도록 하였습니다. 이제 이것으로는 안 됩니다. 자신을 주님께 복종시키는 신앙자립이 일어나지 않으면 개인도 교회도 살아갈 수 없습니다.

그러면 어떻게 사람들을 그리스도께 복종시킬 수 있도록 만들까요? 본문 4절입니다. **우리의 싸우는 무기는 육신에 속한 것이 아니요 오직 어떤 견고한 진도 무너뜨리는 하나님의 능력이라. 모든 이론을 무너뜨리며,** 각 사람의 마음에 진이 쳐져 있습니다. 자기 이론, 자기 생각 등으로 뭉쳐 있습니다. 자기중심으로 뭉쳐있습니다. 그것을 무너뜨리는 것은 한 가지밖에 없습니다. 하나님의 능력입니다.

로마서 1장 16절에 하나님의 능력을 설명합니다. **"내가 복음을 부끄러워 아니 하노니 이 복음은 모든 믿는 자에게 구원을 주시는 하나님의 능력이 됨이라. 먼저는 유대인에게요 그리고 헬라인에게로다."** 복음이 능력입니다. 복음은 무엇입니까? 예수가 날 대신해서 죽으셨고 그분이 나의 주인이라는 것입니다. 복음을 받아들인 사람은 어떻게 삽니까? 나는 없고 예수로 삽니다. 주님은 우리 보고 천사같이 사는 정도가 아니라 주님같이 살라고 합니다. 바울은 그리스도의 온유와 관용으로 그들을 대했다고 합니다. 예수 그리스도로 살았다는 것이지요. 복음으로 살았다는 것입니다. 그들은 바울을 보면서, 무엇을 봅니까? 복음을 봅니다. 복음은 말로 전하기도 하지만 또한 복음은 보여주어야 합니다. 그것 또한 전하는 것입니다. 고린도 교인들은 바울의 모습을 보면서, "아 저것이 예수 믿는 것이구나!"라는 것을 깨닫습니다. 그 모습을 받아들이면 그들 또한 자신은 없고 예수로 살려고 할 것입니다. 자신의 이론과 생각을 주님 앞에 내려놓고 주님으로 살려고 합니다. 바울은 주님으로 살아가는데 그것을 고린도 교인들은 세상적인 시각으로만 본 것입니다.

이런 간증은 수없이 많이 듣습니다. 믿지 않는 시어머니를 자녀들은 돌보지 않는데 믿는 며느리가 자기를 주님께 복종시키고 시어머니를 정성으로 돌봅니다. 그것을 본 시어머니가 나도 네가 믿는 예수를 믿어야겠다며 돌아섭니다. 사실 바울은 자신이 경험하였습니다. 그는 자랑할 것이 너무 많은 자입니다. 학력, 가정, 출신 등등이 뛰어났고 한때는 그것을 가지고 기세등등하게 사람을 압박하며 살았습니다. 그러나 그 압박과 강경함이 사람을 바꿀 수 없음을 예수를 만나고 나서 알았습니다. 오직 우리를 바꿀 수 있는 분은 주님이십니다. 그렇기에 우리가 사람들에게 해야 할 일은 그들을 주님께로 데려가는 일입니다. 그렇기 위해서 우리는 주님을 드러내는 자가 되어야 합니다. 부모들이라면 더디더라도 육신을 따라 자녀를 양육해서는 안 됩니다. 육신을 따라 배우자를 대해서 안 됩니다. 이제 복음으로 삽시다. 복음은 모든 사람을 구원시키는 하나님의 능력입니다. 반드시 그곳에 세워지는 일이 있습니다.

17
사도로 사는 것이 상급입니다

17
사도로 사는 것이 상급입니다
고린도후서 10:10~18

10 그들의 말이 그의 편지들은 무게가 있고 힘이 있으나 그가 몸으로 대할 때는 약하고 그 말도 시원하지 않다 하니 11 이런 사람은 우리가 떠나 있을 때에 편지들로 말하는 것과 함께 있을 때에 행하는 일이 같은 것임을 알지라 12 우리는 자기를 칭찬하는 어떤 자와 더불어 감히 짝하며 비교할 수 없노라 그러나 그들이 자기로써 자기를 헤아리고 자기로써 자기를 비교하니 지혜가 없도다 13 그러나 우리는 분수 이상의 자랑을 하지 않고 오직 하나님이 우리에게 나누어 주신 그 범위의 한계를 따라 하노니 곧 너희에게까지 이른 것이라 14 우리가 너희에게 미치지 못할 자로서 스스로 지나쳐 나아간 것이 아니요 그리스도의 복음으로 너희에게까지 이른것이라 15 우리는 남의 수고를 가지고 분수 이상의 자랑을 하는 것이 아니라 오직 너희 믿음이 자랄수록 우리의 규범을 따라 너희 가운데서 더욱 풍성하여지기를 바라노라 16 이는 남의 규범으로 이루어 놓은 것으로 자랑하지 아니하고 너희 지역을 넘어 복음을 전하려 함이라 17 자랑하는 자는 주 안에서 자랑할지니라 18 옳다 인정함을 받는 자는 자기를 칭찬하는 자가 아니요 오직 주께서 칭찬하시는 자니라

고린도 교회에 들어온 거짓 교사들은 바울의 사도성을 자꾸만 공격합니다. 오늘 본문에서도 이들은 바울의 외모를 평하면서 사도 같지 않다고 비판합니다. 고린도후서 10장 10절입니다. **"그들의 말이 그의 편지**

들은 무게가 있고 힘이 있으니 그가 몸으로 대할 때는 약하고 그 말도 **시원하지 않다 하니"** 그의 편지를 읽어보면 사도로서의 권위가 느껴지는데 실제 만나 보면 사도 같은 권위가 없습니다. 여기서 '약한(아스떼네스 ασθειης)'의 뜻은 '볼품없다'는 말입니다. 저 사람이 무엇 사도냐? 라는 말이 저절로 나올 정도입니다.

바울도 그것을 인정합니다. 갈라디아서 4장 14절입니다. **너희를 시험하는 것이 내 육체에 있으되 이것을 너희가 업신여기지도 아니하며 버리지도 아니하며 오직 나를 하나님의 천사와 같이 또는 그리스도 예수와 같이 영접하였도다.** 바울의 육체 중에 갈라디아 교인들로 하여금 저 사람 사도 맞아? 라고 의심 들게 한 부분이 있었다는 겁니다. 어떤 부분인지 갈라디아서 4장 15절이 설명합니다. **"너희의 복이 어디 있느냐 내가 너희에게 증언하노니 너희가 할 수만 있었다면 너희의 눈이라고 빼어 나에게 주었으리라"** 바울의 눈이었습니다. 바울의 눈을 보면 도무지 사도 같아 보이질 않는다는 것입니다. 그것이 너무 안타까워서 '차라리 우리 눈이라도 줄 수 있다면...'라고 말합니다. 많은 학자는 바울의 안과 질환을 말하는 것이라고 합니다. 눈에서 분비물이 질금질금 나오고 있었습니다. 많은 병자를 고쳤다고 하면서 정작 자신은 안과 질환으로 고생하고 있습니다. 그 모습은 사람들로 하여금 바울을 피하게 했다는 것입니다.

거기다가 본문 10장 10절 뒷부분을 보면 말도 시원찮습니다. "시원찮다(에쿠떼네메스 εξθενημένος)는 '무시당할 만하다'는 뜻입니다. 철학이 발달한 고린도 지역에서는 말을 설득력 있게 잘 꾸며서 하는 것이 능력이었습니다. 그런데 바울은 어떻습니까? (고전 2:4) **"내 말과 내 전도함이 설득력 있는 지혜의 말로 하지 아니하고 다만 성령의 나타나심과 능력으로 하여"** '사도는 그들이 능력 있다고 여기는 설득력 있는 지혜의 말을 사용하지 않았습니다. 그들의 이러한 시각으로 그것을 걸고넘어진 것입니다.

그러면서 거짓 사도들인 자신들은 헬라 적인 수사학을 잘 사용하며, 예루살렘 교회의 추천서를 받았고, 이스라엘인이며, 영적으로는 많은 체험을 하였음을 드러냅니다. 자기들 외모를 자랑합니다. 자기들에게 사도의 권위가 있다는 것입니다.

사도의 자랑은 주님이 보내신 곳에서 예수를 증거 하는 것입니다

거기에 대해서 바울이 말합니다. 고린도후서 10장 18절입니다. **"옳다 인정함을 받는 자는 자기를 칭찬하는 자가 아니요 오직 주께서 칭찬하는 자니라."** 자기가 자기를 칭찬해 봐야 소용없다는 것입니다. 누가 옳은지는 주님이 칭찬을 하느냐 하지 않느냐에 달렸다는 것, 주님이 칭찬을 하는 사람이 참된 사도라는 것입니다. 그럼 어떤 사도를 주님이 칭찬하느냐? 고린도후서 10장 13절입니다. **"그러나 우리는 분수 이상의 자랑을 하지 않고 오직 하나님이 우리에게 나누어 주신 그 범위의 한계**

를 따라 하노니 곧 너희에게까지 이른 것이라." 하나님이 나눠주신 범위의 한계란, 하나님이 자신에게 주신 선교지를 말합니다. 바울이 선교 여행을 떠나기 전 먼저 예루살렘 교회에 들러서 베드로를 만났습니다. 갈라디아서 2장 8절입니다. "베드로에게 역사하사 그를 할례자의 사도로 삼으신 이가 또한 내게 역사하사 나를 이방인의 사도로 삼으셨느니라" 바울은 그곳에 있는 사도들에게 주님께서는 베드로에게는 할례자에게, 바울은 이방인에게 복음을 전하도록 사도로 불렀다는 것입니다. 바울에게 정해준 범위의 한계는 이방인입니다. 그래서 바울은 본문 13절 끝부분을 보면 "곧 너희에게까지 이른 것이라'고 합니다. 하나님이 정해 주신 한계에 따라 복음을 전하다 보니 고린도에까지 이르렀다는 것입니다.

왜 이 말을 하느냐 하면, 사도라는 단어 헬라어 '아포스톨레 $\dot{\alpha}\pi o\sigma\tau o\lambda\eta$'는 보냄을 받았다는 말입니다. 하나님이 각 사람을 사도로 세웠다는 말은 동시에 보낼 곳을 정하여 놓았다는 말입니다. 바울은 이방인에게 보냄을 받았습니다. 그래서 고린도까지 와서 복음을 전하였습니다. 이것은 곧 무엇을 증명합니까? 주님이 보낸 곳에 와서 바울은 사도의 직분을 행하고 있는 것입니다. 이것이 곧 주님이 인정하는 것이요, 바울이 사도로서 자랑거리라는 것입니다.

그들도 자칭 사도라고 말을 합니다. 그러면 그들도 주님이 보내신 곳에 가서 복음을 전해야 하지 않습니까? 그런데 지금 그들은 어디에 있습니까? 남의 터 위에 있습니다. 그곳에는 바울을 보냈습니다. 그들을 보내지 않았습니다. 그것은 주님의 보냄을 받은 사도로서 해야 할 일이 아닙니다. 주님이 인정하는 사도는 주님이 보낸 곳에서 주님을 전하는 자입니다. 그렇기에 그들은 거짓 사도이며 분수도 모르고 자랑을 하고 있는 셈입니다.

우리가 있는 곳은 주님이 보내신 곳입니다

본문에서 바울의 사도 자랑이 무엇인지에 대한 설명은 우리와 상관이 없어 보입니다. 그것은 당시 사도들에게만 적용되는 말씀 같아 보입니다. 그러나 성경은 믿는 성도는 사도로써 살아야 함을 말합니다. 요한복음 20장 21절입니다. **"예수께서 또 가라사대 너희에게 평강이 있을지어다. 아버지께서 나를 보내신 것이 나도 너희를 보내노라."** 여기서 '너희는' 제자들만 호칭하는 말이 아닙니다. 오늘날 우리를 가리키는 말인 줄 알고 있습니다. 주님이 우리를 보냈습니다. 그렇다면 우리의 자랑이 무엇입니까? 주님이 보내신 곳에서 주님을 전하며 보여주며 사는 것입니다.

주님이 우리를 보냈다면 우리를 어디로 보냈으며 주신 범위의 한계는 어디입니까? 일차적으로 내가 속해 있는 가정, 직장 등등입니다. 의아합니다. 결혼할 때, 주님께서 너는 저 사람하고 가정을 이루라는 말씀을 듣고 결혼하지 않았습니다. 직장도 마찬가지입니다. 물론 결혼과 직장을 두고 기도는 하였습니다만 대부분 주님의 음성을 듣지 못하였습니다. 이 모두를 우리가 결정을 한 것입니다. 그런데 주님이 보냈다고 합니다. 맞습니다. 주님이 보낸 곳입니다.

바울이 어떻게 고린도에 오게 되었을까요? 바울이 데살로니가에서 복음을 전하였을 때 유대인들이 백성들을 선동하여 바울을 잡아 없애려고 하였습니다. 그래서 급히 베뢰아 지역으로 피신했습니다. 피신하는 중에 기도는 하였겠지만, 특별히 베뢰아로 가라는 말씀을 들은 것이 아닙니다. 그곳에서 전도하고 있는데 데살로니가에서 자신을 핍박한 무리가 그곳까지 쫓아 왔습니다. 상황이 너무 급박합니다. 베뢰아에서 전도 받은 제자들이 바울의 생명을 살리기 위해 바울을 데리고 항구로 도망가서 그곳에서 배를 타고 아덴으로 피신시킵니다. 상황이 다급하였기에 일행을 뒤로하고 바울만 아덴으로 갑니다. 거기서 고린도로 온 것 아닙니까? 바울이 마게도냐 지역에 선교하려고 왔을 때 고린도를 선교지로 생각하고 있었는지는 모르지만, 그가 결국 고린도 지역에 도착하여 선교하게 된 까닭은 이런저런 상황이 다 얽혀 있습니다. 그러나 바울은 그곳이 주님이 보낸 장소임을 믿었습니다. 예수 그리스도가 만유를 움직이시는 주님이심을 믿었기 때문입니다.

그런데도 내가 있는 이곳을 주님이 보내셨음을 선뜻 받아들이지 못하는 까닭 중의 하나는 삶의 힘듦과 고통 때문이었습니다. 주님이 보냈다면 이렇게 힘들 수가 있느냐는 생각 때문입니다. 주님이 제자들을 보낼 때 그 앞에 하신 말씀이, **'아버지께서 나를 보내셨듯이'** 입니다. 예수님은 이 땅에서 모든 고난을 다 당하였습니다. 가장 비참한 삶을 사셨습니다. 그런데 그 자리는 하나님이 보내신 자리입니다. 바울 또한 마찬가지입니다. 지금 있는 자리, 어쩌다 내 인생 이렇게 되었느냐 한탄하는 자리일 수 있습니다. 이런 사람 만나게 하려고, 이런 인생 살게 하려고 나를 이곳에 보냈느냐고 할 수 있습니다. 아닙니다. 주님이 보내신 자리입니다. 만유의 주님이 어떻게 자신의 백성을 자기 뜻 없이 그 자리에 있게 할 수 있겠습니까?

오늘 내가 주님으로부터 보냄을 받은 자라면 진정 내가 자랑할 것이 무엇입니까? 사도바울은 오직 자신을 통해 자신을 보내신 주님을 전하길 원했습니다. 주님이 이 땅에 오셔서 하신 일이 무엇입니까? 자기를 보내신 하나님을 보여주는 일 이었습니다. 우리가 주님의 보냄을 받은 자라면 우리는 그곳에서 주님을 드러내는 삶을 살아야 합니다. 그럴 때 우리를 그곳에 보내신 주님의 뜻을 이루는 것입니다. 이것이 주님이 인정하는 삶을 사는 것이며 우리의 자랑이 되는 것입니다.

보내신 곳에서 사도로서 사는 것이 우리의 자랑입니다

바울은 고린도 교인들의 배척과 의심과 중상모략으로 고통을 당합니다. 그 고통으로 가슴 아파하고 있습니다. 많은 선교사는 선교지에 도착하자마자 예수 이름 한 번 꺼내지 못하고 순교하기도 하였습니다. 우리 주님 또한 십자가 죽음으로 끝을 냈습니다. 선교사를 보냈으면 그래도 많은 영혼 구원해 내야 하지 않습니까? 아닙니다. 우리는 다만 주님을 나타내도록 보냄 받은 자입니다. 그것이 우리의 사명입니다. 그렇기에 바울은 자신의 사도성을 건드리며, 문제를 일으키는 고린도 교인들을 향하여 "내가 왜 너희를 만나서 이 고생하느냐"고 한탄하지 않습니다. 그 사람들에게 우리 주님이 바울을 보냈습니다. 남편들이여, 아내들이여, 왜 당신 같은 사람 만나서 이 고생 하느냐고. 왜 너 같은 자식 낳아서 이렇게 힘드냐고 하지 마세요. 그곳이 주님께서 우리를 보내신 것입니다.

지금 내가 있는 곳이 평안합니까? 그리고 모든 것이 좋습니까? 주님께 진정으로 감사하며 주님을 찬양하십시오. 반대로 변하지 않는 사람, 변하지 않는 환경으로 인하여 탄식이 올라옵니까? 나와 그 사람, 그 환경 사이에 서 계신 주님을 보시며 사도로서 살아가십시오. 그러면 됐습니다. 그것이면 족합니다. 그것이 여러분의 자랑입니다. 마지막 주님 앞에 갈 때 가지고 갈 영원한 상급입니다.

바울은 디모데후서 4장 6-8절에서 말합니다. **"전제와 같이 내가 벌써 부어지고 나의 떠날 시각이 가까웠도다. 나는 선한 싸움을 싸우고 나의 달려갈 길을 마치고 믿음을 지켰으니 이제 후로는 나를 위하여 의의 면류관이 예비되었으므로 주 곧 의로우신 재판장이 그 날에 내게 주실 것이며, 내게만 아니라 주의 나타나심을 사모하는 모든 자에게 도니라."** 사도의 자랑은 하나입니다. 나는 믿음을 지켰고 주님이 보내신 곳에서 나는 없고 오직 예수로 살았다는 것입니다. 그렇기에 나에게는 주님이 주실 칭찬이 있을 것이라고 확신합니다. 나뿐 아니라 주님의 나타나심을 사모하는 모든 자, 지금 내가 있는 곳에서 주님을 나타내며 살아가기를 소망하는 모든 자에게도 동일한 축복이 있습니다. 내가 있는 곳에서 사도로서 살아가는 것, 그것이 우리의 자랑이며 상급임을 잊지 마시길 축복합니다.

18
주님만 자랑하고 싶습니다

18
주님만 자랑하고 싶습니다

고린도후서 11:1-15

1 원하건대 너희는 나의 좀 어리석은 것을 용납하라 청하건대 나를 용납하라 2 내가 하나님의 열심히 너희를 위하여 열심을 내노니 내가 너희를 정결한 처녀로 한 남편인 그리스도께 드리려고 중매함이로다 그러나 나는 3 뱀이 그 간계로 하와를 미혹한 것 같이 너희 마음이 그리스도를 향하는 진실함과 깨끗함에서 떠나 부패할까 두려워하노라 4 만일 누가 가서 우리가 전파하지 아니한 다른 예수를 전파하거나 혹은 너희가 받지 아니한 다른 영을 받게 하거나 혹은 너희가 받지 아니한 다른 복음을 받게 할 때에는 너희가 잘 용납하는구나 5 나는 지극히 크다는 사도들보다 부족한 것이 조금도 없는 줄로 생각하노라 6 내가 비록 말에는 부족하나 지식에는 그렇지 아니하니 이것을 우리가 모든 사람 가운데서 모든 일로 너희에게 나타내었노라 7 내가 너희를 높이려고 나를 낮추어 하나님의 복음을 값없이 너희에게 전함으로 죄를 지었느냐 8 내가 너희를 섬기기 위하여 다른 여러 교회에서 비용을 받은 것은 탈취한 것이라 9 또 내가 너희와 함께 있을 때 비용이 부족하였으되 아무에게도 누를 끼치지 아니하였음은 마게도냐에서 온 형제들이 나의 부족한 것을 보충하였음이라 내가 모든 일에 너희에게 폐를 끼치지 않기 위하여 스스로 조심하였고 또 조심하리라 10 그리스도의 진리가 내 속에 있으니 아가야 지방에서 나의 이 자랑이 막히지 아니하리라 11 어떠한 까닭이냐 내가 너희를 사랑하지 아니함이냐 하나님이 아시느니라 12 나는 내가 해 온 그대로 앞으로도 하리니 기회를 찾는 자들이 그 자랑하는 일로 우리와 같이 인정 받으려는 그 기회를 끊으려 함이라 13 그런 사람들은 거짓 사도요 속이는 일꾼이니 자기를 그리스도의 사도로 가장하는 자들이니라 14 이것은 이상한 일이 아니니라 사탄도 자기를 광명의 천사로 가장하나니 15 그러므로 사탄의 일꾼들도 자기를 의의 일꾼으로 가장하는 것이 또한 대단한 일이 아니니라 그들의 마지막은 그 행위대로 되리라

고린도 교회에 들어온 거짓 사도들의 특징이 있다면 유난히 자기를 자랑합니다. 그들은 배경을 자랑했습니다. 자신들은 예루살렘에 있는 사도들이 보내었다는 것입니다. 출신을 자랑합니다. 그들은 정통 이스라엘인이라는 것입니다. 공적을 자랑합니다. 주를 위해서 많이 수고하였다는 것이지요. 그리고 많은 영적 체험을 하였다고 하면서 자신들의 신령함을 자랑합니다.

본문 1절을 봅니다. **"원하건대 너희는 나의 좀 어리석은 것을 용납하라 청하건대 나를 용납하라"** 어리석다는 말은 바보 같은 짓을 한다는 말입니다. 바보 같은 짓이 무엇일까요? 17-18절에 나옵니다. **"내가 말하는 것은 주를 따라 하는 말이 아니요 오직 어리석은 자와 같이 기탄없이 자랑하노라. 여러 사람이 육신을 따라 자랑하니 나도 자랑하겠노라"** 출신 배경, 능력, 배경 등등 자기를 자랑하는 것은 그야말로 바보 같은 짓이라고 합니다.

왜 그렇습니까? 예수 그리스도를 믿으면 육신을 자랑하는 자기는 죽었습니다. 자기 자랑을 한다는 것은 자기가 살아 있다는 말이며 그것은 구원받지 못하였을 때로 돌아갔다는 말입니다. 그런데 바울은 그 바보 같은 짓을 내가 어쩔 수 없이 하겠다는 것입니다. 그래서 육신을 따라 바울도 자랑합니다. 그들보다 뛰어난 출신 배경을 가졌다고 밝힙니다. 고린도후서 11장 22절입니다. **"그들이 히브리인이냐 나도 그러하며 그들이 이스라엘인이냐 나도 그러하며 그들이 아브라함의 후손이냐 나도**

그러하며" 그들보다 더 많은 공적을 가지고 있습니다. 고린도후서 11장 23절 앞부분입니다. "**그들이 그리스도의 일꾼이냐 정신없는 말을 하거니와 나는 더욱 그러하도다**" 그들보다 더 신령한 경험을 하였다고 합니다. 고린도후서 12장 1절입니다. "**무익하나마 내가 부득불 자랑하노니 주의 환상과 계시를 말하노라.**"

자기를 자랑하는 것은 어리석은 것이라 하면서도 왜 이렇게 할까요? 고린도 교회가 지금 거짓 사도로 말미암아 배교의 위험에 처해 있기 때문입니다. 주님을 뒤로하고 세상으로 돌아가고 있기 때문입니다. 그것을 막기 위해서 바울은 이렇게 자기를 자랑합니다.

바울의 간절한 바람은 무엇입니까? 본문 2절입니다. "**내가 하나님의 열심으로 너희를 위하여 열심을 내노니 내가 너희를 정결한 처녀로 한 남편인 그리스도께 드리려고 중매함이로다 하니라.**" 여기서 중매한다 (하르모조 ἁρμόζω)는 말은 '정혼하다'는 뜻입니다. 정혼은 결혼을 결정한 것이니까 우리의 약혼에 해당됩니다. 그러나 우리의 약혼과는 개념이 사뭇 다릅니다. 정혼을 하면 유대 사회에서는 결혼한 것과 똑같이 취급합니다. 그 여인에 대한 권리가 남자에게 있으며, 정혼한 상태에서 다른 남자와 관계를 맺으면 결혼한 여인이 잘못을 범한 것과 똑같이 돌로 쳐서 죽이게 되어 있습니다. 함께 살지만 않을 따름입니다. 정혼 후 일 년이 지나면 신랑이 정혼한 여인의 집에 와서 아버지께 지참금을 주고 신부를 데리고 자기 집으로 가서 혼인 잔치를 하면 정식 결혼이 됩니다.

바울이 전한 복음으로 고린도 성도들이 예수 그리스도를 주로 받아들였습니다. 정혼한 상태와 같습니다. 그러나 얼굴과 얼굴을 보면서 함께 사는 결혼한 상태는 아닙니다. 이날은 언제 옵니까? 주님이 재림할 때입니다. 그러면 모든 잠자던 성도들은 주님께로 불려 올라가 천국에서 혼인 잔치를 하게 됩니다. 아버지가 정혼한 딸의 깨끗함을 지켜주어야 하듯이 바울을 통해 복음을 들은 고린도 교인들을 그들이 주님께 가기까지 그들의 믿음을 지켜줘야 합니다.

종교개혁자 칼빈 목사님은 스위스에서 목회하셨는데, 주말마다 장로들을 번화가의 골목으로 보냈습니다. 성도들이 혹시 주말에 유흥가나, 술집에 드나드는지 감시하기 위해서였습니다. 그래서 적발하면 교회에 알리고 교회는 그분을 불러서 권면하며 책망하였습니다. 목회자는 어떻게든 양들이 세상으로 가지 않도록 돌보다가 마지막 날 주님이 오실 때 정결한 신부가 되어 혼인 잔치에 갈 수 있도록 해야 하기 때문입니다. 우리들은 교회가 자신들을 감독한다 싶으면 왜 자유롭게 신앙생활을 하지 못하게 하느냐고 반발합니다. 그렇지 않습니다. 여러분들의 믿음을 그렇게라도 해야 보존할 수 있기 때문에 하는 것입니다.

그런데 어떤 일이 일어났습니까? 3절을 봅니다. **"뱀이 그 간계로 하와를 미혹한 것 같이 너희 마음이 그리스도를 향하는 진실함과 깨끗함에서 떠나 부패할까 두려워하노라."** 뱀이 하와를 무너뜨린 것처럼 거짓 사도들로 말미암아 고린도 성도들의 마음이 부패해 지고 있습니다. 여기서 부패(헬.'프떼이즈')의 원래 의미는 '배교하게 하다'는 말입니다. 배교는 주님을 버리고 세상으로 돌아간다는 말입니다. 바울은 그들로 하여금 예수 믿게 하여 주님과 정혼 하도록 하였는데, 지금 배교가 일어납니다. 위급한 일이 아닐 수 없습니다. 그래서 바울은 어쩔 수 없이 어리석지만, 육체를 따라 자기 자랑을 한다는 것입니다.

왜 바울이 해서는 안 될 육체에 따른 자기 자랑을 할 수밖에 없습니까? 고린도 성도들은 아직 신앙적으로 어리며, 그 도시 자체가 세속적입니다. 여전히 육체를 따라 살고 싶은 마음이 그들에게 있습니다. 좋은 배경, 공적, 신령한 경험들을 늘 부러워합니다. 그런데 거짓 사도들이 그것을 들어내며 자랑합니다. 그래서 그들을 대단한 사람으로 여기며 그들을 쫓아갑니다. 그들을 따라가면 배교가 되니 어떻게든 바울은 자신을 따르도록 해야 합니다. 육체의 자랑을 부러워하는 그들이기에 바울은 자신도 육체의 자랑을 합니다. 그래야 바울을 신뢰하게 되며, 바울의 복음을 그들이 받아들이기 때문입니다.

우리는 여기서 중요한 것을 보아야 합니다. 거짓 교사 또는 거짓 사도들이 그들을 배교하도록 만들었다고 하지 않습니까? 거짓 사도들이 교회에서 설교할 때, 예수 믿지 말라고 하였겠습니까? 오히려 예수를 잘 믿어야 한다고 말했을 겁니다. 그들을 거짓 사도라고 부른 것은 바울입니다. 그들 스스로는 자신들이 거짓이라고 여기지 않았고, 고린도 성도들조차도 그들을 오히려 참된 사도라 여겼습니다. 그러나 바울은 그들을 향하여 사탄이라고 합니다. 본문 13-14절입니다. **"그런 사람들은 거짓 사도요 속이는 일꾼이니 자기를 그리스도의 사도로 가장하는 자들이니라. 이것은 이상한 일이 아니니라. 사탄도 자기를 광명의 천사로 가장하느니라."**

사탄이라고 말한 까닭은 사탄이 하와를 유혹하여 하나님을 떠나도록 하였듯이 그들 또한 고린도 성도들이 주님을 떠나도록 즉 배교하도록 만들기 때문입니다. 그들은 예수 그리스도를 믿으라고 하였는데 왜 그들을 보고 성도들을 배교하도록 만들었다고 말할까요? 사탄이 하와에게 심어준 것은 다른 것이 아닌 네가 주인이 되어 살라는 것 아닙니까? 거짓 사도 또한 그것을 고린도 교인들에게 심어줬기 때문입니다. 거짓 사도는 출신, 학력, 경력, 공로 등등 자기를 자랑합니다. 그럼 성도들은 무엇을 배우게 될까요? 거짓 사도처럼 자랑하는 것을 얻으려고 노력할 것입니다. 학력과 경력이 좋은 것은 축복입니다. 그러나 자기의 자랑을 위해서 추구할 때, 그는 결국 자기를 위하여 사는 자가 됩니다. 세상 사람들은 모두 자기를 위하여 그것을 얻으려고 하지 않습니까? 그래서 우리도 자녀들에게 공부하라는 잔소리하면서 다 너 잘되라고 한다고 합니다. 공부를 안하면 너만 손해라고 합니다. 우리는 너를 위해서라고 합니다. 결국 자기를 위해서 살도록 만듭니다. 그의 주인은 예수 그리스도입니다. 그는 주님을 위하여 공부하고 일을 해야 하는데, 결국 자기를 위하여 합니다. 그것이 곧 여기서 말하는 배교입니다. 거짓 사도들이 성도들로 하여금 자기를 위하여 살도록 만들었다는 것입니다.

자기를 위하여 사는 것은 배교의 삶입니다.

우리 또한 교회 안에 있으면서도 자기를 위하여 살아가고 있다면 배교자의 삶을 살아가는 것이 됩니다. 사람들이 교회를 보면서 세상 사람들과 다를 바 없다고 평을 내리고 있다면 그것은 교회가 배교의 길로 들어섰다는 말입니다. 금번에 코로나 확진자 중 예수를 믿는 자들이 많이 있었는데, 그들이 동선을 숨기고, 거짓말을 하는 것을 보았습니다. 정부에 반항하고자 하는 마음 때문인 것을 알고 있는데, 결국 자기 이념 때문에 그렇게 한 것입니다. 그렇다면 그것 또한 자기를 위해 사는 것이지요. 배교의 모습입니다.

사이비라는 말은 공자의 '오사이비자(惡似而非者)'라는 말에서 유래했다고 합니다. 당시 향원이라는 군자라고 소문난 사람이 있었습니다. 많은 사람이 그를 칭찬했고 존경했지만, 공자는 유난히 그를 싫어했습니다. 왜 그 사람을 싫어하느냐고 묻자 공자는 '오사이비자'라고 대답했다고 합니다. 비슷하지만 속은 아주 다른 사람이라는 뜻입니다. 공자의 말입니다. "내가 가라지를 미워하는 것은 곡식의 싹과 혼동할까 함이요. 간사함을 미워하는 것은 정의와 혼동할까 함이요. 구변이 좋은 것을 미워함은 신의와 혼동할까 함이요. 자주색을 미워하는 것은 붉은색과 혼동할까 함이요. 향원을 미워하는 것은 덕 있는 군자와 혼동할까 염려하기 때문이다. 그는 성실한 사람이지만 그의 성실함은 진심에서 나오는 것이 아니라 겉모양만 군자인 척 처세하는 것이기 때문에 나는 그를 미워하는 것이다. 그는 덕이 있는 자가 아니라 덕을 훔친 자이다." 여러분, 자신을 늘 보시기 바랍니다. 나는 진실로 예수 그리스도를 주로 삼고 있는가? 그래서 예수 그리스도를 따라가는가? 자신을 따라가는가? 지금 내가 배교의 길에 있을 수 있고, 사이비가 될 수 있습니다.

사랑하는 여러분 자기를 자랑하지 마시기 바랍니다. 자기 자랑이 자기뿐 아니라 타인을 배교시킬 수 있기 때문입니다. 동시에 섭섭해하지 마십시다. 자랑하는 것과 섭섭해하는 것은 같이 가기 때문입니다. 열심히 일했는데 알아주지 않으면 섭섭한 까닭은 내가 한 일을 자랑스러워하기 때문입니다. 섭섭해하는 것도 자기를 위해서 살아가는 일입니다. 자랑하는 나와 섭섭해하는 나를 죽이고 오직 예수 그리스도만 내세웁시다.

워런 워어스 목사님이 그의 책에 실었던 실화입니다. 아프리카에서 오랫동안 선교한 부부가 배를 타고 고국으로 돌아오는 길이었습니다. 마침 그날 루스벨트 대통령 부부도 같은 배를 타고 있었습니다. 대통령 부부는 아프리카에서 사냥을 하며 휴가를 마치고 돌아오는 길이었습니다.

대통령이 내리는 곳에는 붉은 양탄자가 깔렸고, 경호하는 이들과 수많은 기자가 대통령을 기다리고 있었습니다. 그런데 수십 년을 아프리카에서 보낸 선교사의 귀국을 환영하는 사람은 아무도 없었습니다. 일생을 아프리카 선교에 헌신했는데도, 알아주는 자가 없었습니다.

그날 저녁, 남편이 아내에게 씁쓸하게 말을 합니다. "참 불공평해, 대통령 부부는 사냥하고 돌아오는데도 환영을 받고, 우리는 수십 년 동안 선교를 하고 돌아왔는데 아무도 반겨 주지 않잖아." 그러자 그의 아내가 역사에 남을 만한 말로 남편을 위로합니다. "여보, 우리는 아직 본향에 온 게 아니야." 그렇습니다. 마지막에 주님께서는 그 모든 것을 다 갚아 주십니다. (고후 11:15) **"그러므로 사탄의 일꾼들도 자기를 의의 일꾼으로 가장하는 것이 또한 대단한 일이 아니니라 그들의 마지막은 그 행위대로 되리라."** 내가 한 그 모든 수고와 헌신을 우리 주님은 보고 계십니다.

늘 주님만 자랑합시다. 나는 없어지고 주님만 나타나도록 합시다. 그러면 듣는 자들을 주님께로 이끄는 자가 될 것이며 세월이 갈수록 내 믿음은 더욱더 정결해질 것입니다. 이 은혜가 있기를 축복합니다.

19
천국의 통로가 되는 사람

19
천국의 통로가 되는 사람

고린도후서 11:23~30

23 그들이 그리스도의 일꾼이냐 정신 없는 말을 하거니와 나는 더욱 그러하도
다 내가 수고를 넘치도록 하고 옥에 갇히기도 더 많이 하고 매도 수없이 맞고 여
러 번 죽을 뻔하였으니 24 유대인들에게 사십에서 하나 감한 매를 다섯 번 맞았
으며 25 세 번 태장으로 맞고 한 번 돌로 맞고 세 번 파선하고 일 주야를 깊은 바
다에서 지냈으며 26 여러 번 여행하면서 강의 위험과 강도의 위험과 동족의 위
험과 이방인의 위험과 시내의 위험과 광야의 위험과 바다의 위험과 거짓 형제
중의 위험을 당하고 27 또 수고하며 애쓰고 여러 번 자지 못하고 주리며 목마르
고 여러 번 굶고 춥고 헐벗었노라 28 이 외의 일은 고사하고 아직도 날마다 내
속에 눌리는 일이 있으니 곧 모든 교회를 위하여 염려하는 것이라 29 누가 약하
면 내가 약하지 아니하며 누가 실족하게 되면 내가 애타지 아니하더냐 30 내가
부득불 자랑할진대 내가 약한 것을 자랑하리라

주님이 왕이 되어 다스리는 곳을 천국이라고 합니다. 모든 식구가 예
수를 주로 삼고 살아갑니다. 아버지에게 맞추지 않고, 어머니에게 맞추
지 않고 오직 주님께 맞춰 살아갑니다. 그러면 그곳이 천국이 됩니다. 실
제 삶에서도 천국의 모습이 나옵니다. 주님께 모든 것을 맞추기에 갈등
과 다툼이 일어날 리 만무합니다. 설사 일어나도 오래 지속되지는 않을

겁니다. 내가 지금 예수를 주로 삼고 살아간다면 나에게 천국이 임한 것입니다.

가정이 천국이 되고, 교회가 천국이 되고, 나아가서 이 땅에 천국이 임하려면 반드시 한 가지 전제조건이 있습니다. 천국이 그곳에 있어야 합니다. 주님께서 공생애 사역을 시작하시면서 하신 말씀, '회개하라 천국이 가까이 왔느니라.'입니다. 천국이 가까이 왔다는 것은 다름 아닌 천국 되신 주님이 왔다는 것입니다. 천국 되신 주님이 왔으므로 이 땅에 천국이 시작되었습니다. 이것을 보여주는 사건이 질병 치유 사건입니다. 병에 걸린 자들이 예수님의 고쳐주심을 믿고 나아옵니다. 예수님을 진정 주권자로 인정한 것, 이것이 믿음입니다. 그렇게 예수 그리스도를 자신들이 받아들이자 그들에게 있던 질병이 떠납니다. 질병은 죽음을 상징하는 대표적인 중세입니다. 예수님을 믿음으로 질병이 없어졌다는 것은 그에게 천국이 임한 것을 보여주는 것입니다. 천국이 있어야 천국이 확산되며 퍼집니다.

그럼 예수를 주로 받아들인 사람, 천국이 그 안에 임한 사람, 그 사람은 세상적으로 어떤 자로 보일까요? 바울을 통하여 알 수 있습니다. 바울은 자신을 세상적인 견지에서 약한 자라고 고백합니다.

예수 믿는 사람은 약한 자가 될 수밖에 없습니다

본문은 바울이 전도 여행을 다니는 중에 받은 환난에 대한 내용입니다. 많은 환난을 쉴 새 없이 당합니다. 가정해서 바울이 로마 황제의 친척이라고 생각해 봅니다. 감히 누가 함부로 할 수 있습니까? 또는 바울이 아주 강한 자여서 그를 괴롭히면 끝까지 찾아가서 갚아주는 사람이라고 하면 함부로 할 수 없을 것입니다. 바울은 이렇게 자신이 끝없는 환난을 당하는 것을 보면서 자신은 정말 연약한 자라는 것을 깨닫습니다.

바울은 육신적인 고통만 당하는 것이 아닙니다. 본문 28절을 봅니다. **"이 외의 일은 고사하고 아직도 날마다 내 속에 눌리는 일이 있으니 곧 모든 교회를 위하여 염려하는 것이라."** '이 외의 일은 고사하고' 위에서 언급한 그런 환난의 고통과는 별개로 내 속에 눌리는 일이 있으니. 내 심령에 고통이 있다는 말입니다. **"곧 모든 교회를 염려하는 것이라"** 모든 교회에 대한 염려가 나를 짓누르고 있다는 것입니다.

예수 그리스도가 나의 주이심이 깨달아졌을 때 저는 그때 구원받았음을 확실히 알게 되었습니다. 하지만 동시에 지옥의 고통도 느껴졌습니다. 그러자 제 마음에 큰 고통으로 다가오는 것이 있었습니다. 자녀들이었습니다. 자녀들은 예수 그리스도를 자신의 주로 받아들인 모습이 보이지 않았습니다. 그럼 결과는 뻔한데... 사도 바울이 자신의 혈육 친척이 구원받지 못한 것으로 인해 차라리 자신이 구원에서 떨어지더라도 그들이 구원받기를 바라는 그 마음의 고통이 이해가 되었습니다. 바울은 고린도 교회가 자기의 욕심대로 살아가는 모습이 남아 있음을 보았습니다. 그러니 마음에 고통이 없을 수가 없습니다. 염려로 가득한 것은 바울

스스로 어찌할 수 없기 때문입니다. 그 심령에 고통이 더할수록 바울은 자신의 약함을 더 많이 깨닫습니다.

예수님께서도 자신의 약함을 그대로 보여주십니다. 이사야서 53장 2절입니다. **"그는 주 앞에서 자라기를 연한 순 같고..."** 연한 순, 아무런 힘이 없습니다. 밟으면 그냥 밟힙니다. 실제로 그분이 십자가에 못 박힐 때, 멸시를 하면 멸시를 당하였습니다. 채찍을 때리면 그대로 맞았습니다. 무기력한 자였습니다. 결코 힘이 있는 모습, 권세 있는 모습이 아니었습니다.

예수를 주로 믿고 살아가면 실제 연약한 자가 될 수밖에 없습니다. 자녀가 내 마음을 긁습니다. 그렇다고 분노하며 함부로 말을 할 수 있습니까? 성질을 한 번 내야 말을 들을 것 같은데, 한 번 뒤집어 놔야 일이 될 것 같은데, 그런데 그렇게 사는 나는 죽었음을 선포하며 그렇게 하지 못합니다. 그런데 상대방은 여전히 자기감정, 자기 뜻대로 살아갑니다. 누가 갑입니까? 세상에서 힘 있는 자는 누구입니까? 자기 뜻대로 하는 자입니다. 그런데 나는 늘 죽어야 합니다. 그러니 약한 자입니다.

우리가 이 부분에서 갈등을 합니다. 자식마저도 자신의 고집대로, 뜻대로 밀어붙일 수가 없습니다. 그럼 자식이 알아서 커 줍니까? 부모의 눈에 더 거슬리는 행동을 합니다. 직장엘 다니고 사업을 하면서 내가 죽은 자로 살아야 합니다. 바보 같다는 생각이 듭니다. 그렇게 하다가는 내가 망할 것 같습니다. 예수 그리스도를 신실하게 믿는 가운데 이런 무기력감이 듭니다. 이런 좌절감이 몰려옵니다. 바울은 그 사실을 받아들여 자신은 약한 자임을 고백합니다. 예수 그리스도를 믿는 것은 내가 약한 자임을 받아들이는 것임을 기억하셔야 합니다.

약함을 인정할 때 주님께 나아가게 됩니다

자식마저도 자신의 고집, 자신의 뜻대로 밀어붙일 수가 없습니다. 그러니 의지할 데가 오직 한 군데입니다. 자신 안에 계신 만왕의 왕이신 예수 그리스도이십니다. 그분께 달려갈 수밖에 없고, 그분의 지혜를 구할 수밖에 없고, 그분의 능력을 구할 수밖에 없고, 그분의 사랑을 구할 수밖에 없습니다. 오직 주님이 나의 자녀를 고쳐 달라고, 주님이 그들을 변화시켜 달라고 매어달릴 수밖에 없습니다. 바울은 왜 주님이 자신을 약한 자로 만들었는지 그 이유를 그때 깨닫습니다. '아, 주님께 매달리기 위해서 그렇구나!'

그렇게 매달릴 때 어떤 일이 일어납니까? 고린도후서 12장 9절입니다. **"나에게 이르시기를 내 은혜가 네게 족하도다 이는 내 능력이 약한 데서 온전하여 짐이라 하신지라 그러므로 도리어 크게 기뻐함으로 나의 여러 약한 것들에 대하여 자랑하리니 이는 그리스도의 능력이 내게 머물게 하려 함이라."** 우리가 보는 성경에 '머물게'라는 단어에는 1이란 숫자가 있고 아래에 헬라어에서는 어떤 의미인지 나옵니다. "장막으로 덮게” 무슨 말입니까? 내가 있는 그곳을 주님의 능력으로 덮습니다. 자녀들을 주님의 능력으로 덮습니다. 나의 식구들을 주님의 능력으로 덮습니다. 그러면 주님이 나타나시며 천국이 임하는 것입니다. 내가 약할 때에 주님의 나라가 임하는 것입니다.

이것을 누가복음 13장에서 비유로 설명하고 있습니다. 누가복음 13장 18-19절입니다. **그러므로 예수께서 이르시되 하나님의 나라가 무엇과 같을까 내가 무엇으로 비유할까 마치 사람이 겨자씨 한 알 같으니 자라 나무가 되어 공중의 새들이 그 가지에 깃들였느니라.** 천국은 무엇과 같다고 합니까? 겨자씨 한 알입니다. 백지에 모나미 볼펜으로 콕 점을 찍습니다. 그만한 크기가 겨자씨입니다. 예수를 주로 삼고 살아가는 자들은 그렇게 미미하다는 것입니다. 누가복음 13장 20-21절입니다. “**또 이르시되 내가 하나님의 나라를 무엇으로 비교할까 마치 여자가 가루 서 말 속에 갖다 넣어 전부 부풀게 한 누룩과 같으니라.**” 누룩 즉, 효소는 보이지도 않습니다. 존재감이 없습니다.

천국은 언제나 겨자씨로 시작됩니다

자신은 연약하기에 주님께 나아갈 수밖에 없습니다. 누룩이 있는 곳의 반죽이 부풀어 오르듯이 주님이 있는 곳에 권능이 있습니다. 그 사람으로 인하여 가족들이 예수를 주로 삼는 역사가 일어납니다. 주변에 복음화의 역사가 일어납니다.

여러분, 언제나 천국은 겨자씨로 시작됩니다. 오직 자신은 죽고 예수로 사는, 약한 한 사람으로 시작됩니다. 바울 한 사람이 형편없는 모습과 몰골을 가지고 로마에 복음을 전합니다. 후에 무서운 속도로 복음이 전파되었습니다. 예수님의 열두 제자는 갈릴리 출신입니다. 당시 주류는 예루살렘입니다. 그들은 철저한 비주류였습니다. 당시 사람들은 나사렛에서 선한 것이 나올 수 있느냐고 말을 하였습니다. 나사렛은 갈릴리지역입니다. 갈릴리지역에서 위대한 인물이 나온 적이 없다는 말입니다. 그들은 겨자씨와 같은 자들입니다. 그런데 그들이 걸은 모든 발자국에는 천국이 임하였습니다.

래리 히타트라는 자가 그의 책 〈처음으로 그리스도인으로 불렸던 자들〉에서 이렇게 기록해 놓았습니다. 주후 40년경에(이때는 제자들이 활동하고 바울은 활동하지 않을 때입니다.) 기독교인은 1,000명 정도이었고, 서기 100년에는 7,000~10,000명 정도 되었습니다. 서기 200년경에는 20만 명이었고, 서기 300년경에는 500~600만 명이 되었습니다. 여기에서 숫자는 예수 그리스도를 진정 자신의 주로 고백하는 자들을 의미합니다.

선교의 역사에는 틀에 박힌 주장이 있다고 합니다. "위대한 선교 운동들은 항상 교회의 가장자리에서 가난한 자, 소외된 자, 그리고 중앙에 있는 극소수의 사람 가운데서 일어났다."는 것입니다. 가난하고 소외된 자는 교회에서도 보이지 않는 사람들입니다. 겨자씨입니다. 그런데 예수를 진정 자신의 주로 받아들인 그들로부터 교회에 영적 각성이 일어나는 것입니다.

　예수 그리스도를 주로 삼고 살아가면서 무력감을 느낍니다. 그렇게 살면 안 될 것 같다는 느낌이 들 때도 있습니다. 약한 자로 살기 때문입니다. 그것을 이상하게 여기지 마시기 바랍니다. 바르게 예수를 믿고 있는 것입니다. 그런데 이사야 53장 1절에서는 이렇게 밝힙니다. **"우리가 전한 것을 누가 믿었느뇨. 여호와의 팔이 누구에게 나타났느뇨"** 하나님의 능력이 누구에게 나타났느냐는 것입니다. 그렇게 무력하고 연약한 나사렛 예수에게 하나님의 능력이 나타나서 그를 살리시고 만군의 주로 삼으셨습니다. 그렇기에 내가 죽고 예수로 사는 것이 약한 것 같을지라도 오히려 그 약한 것을 자랑하며 사시길 바랍니다.

20
우리에게 약함은 더이상 약함이 아닙니다

20
우리에게 약함은 더이상 약함이 아닙니다

고린도후서 12:1-10

1 무익하나마 내가 부득불 자랑하노니 주의 환상과 계시를 말하리라 2 내가 그리스도 안에 있는 한 사람을 아노니 그는 십사 년 전에 셋째 하늘에 이끌려 간 자라(그가 몸 안에 있었는지 몸 밖에 있었는지 나는 모르거니와 하나님은 아시느니라) 3 내가 이런 사람을 아노니(그가 몸 안에 있었는지 몸 밖에 있었는지 나는 모르거니와 하나님은 아시느니라) 4 그가 낙원으로 이끌려 가서 말로 표현할 수 없는 말을 들었으니 사람이 가히 이르지 못할 말이로다 5 내가 이런 사람을 위하여 자랑하겠으나 나를 위하여는 약한 것들 외에 자랑하지 아니하리라 6 내가 만일 자랑하고자 하여도 어리석은 자가 되지 아니할 것은 내가 참말을 함이라 그러나 누가 나를 보는 바와 내게 듣는 바에 지나치게 생각할까 두려워하여 그만두노라 7 여러 계시를 받은 것이 지극히 크므로 너무 자만하지 않게 하시려고 내 육체에 가시 곧 사탄의 사자를 주셨으니 이는 나를 쳐서 너무 자만하지 않게 하려 하심이라 8 이것이 내게서 떠나가게 하기 위하여 내가 세 번 주께 간구하였더니 9 나에게 이르시기를 내 은혜가 네게 족하도다 이는 내 능력이 약한 데서 온전하여짐이라 하신지라 그러므로 도리어 크게 기뻐함으로 나의 여러 약한 것들에 대하여 자랑하리니 이는 그리스도의 능력이 내게 머물게 하려 함이라 10 그러므로 내가 그리스도를 위하여 약한 것들과 능욕과 궁핍과 박해와 곤고를 기뻐하노니 이는 내가 약한 그 때에 강함이라

고린도 교회에 거짓 사도들이 들어와서 고린도 교인들을 꾑니다. 이들의 특징은 자기 자랑이 많습니다. 고린도 교인들은 유난히 세상적 자랑을 추구합니다. 그러니 쉽게 거짓 사도들을 따릅니다. 그들을 따라가면 결국 거짓 복음을 따르는 것이 됩니다. 그래서 바울은 어리석은 줄 알지만, 부득불 자기 자랑을 합니다. 그렇게라도 해서 자신을 따르도록 하기 위함입니다.

거짓 사도들의 자랑 중 하나가 많은 영적인 체험을 했다는 것입니다. 바울은 그들과 비교해서 자신의 영적 체험을 이야기합니다. 본문 2절입니다. **"내가 그리스도 안에 있는 한 사람을 아노니 그는 십사 년 전에 셋째 하늘에 이끌려 간 자라."** 바울이 다녀왔다는 셋째 하늘이 어떤 곳인지는 4절에서 밝힙니다. 낙원입니다. 우리 주님께서 십자가에서 돌아가실 때 함께 달린 강도 중 한 명에게 네가 오늘 나와 함께 낙원에 가 있으리라고 말씀하셨습니다. 주님이 계신 곳을 다녀왔습니다. 하나님의 보좌와 주님이 계신 곳을 보고 듣고 온 것입니다. 거짓 사도들과는 비교가 안 되는 체험을 한 것이고 또한 낙원엘 갔다 왔다는 것은 바울이 참사도인 것을 드러낸 것입니다.

그런데 바울은 낙원을 다녀왔음에도 어떻게 말합니까? 나는 이것을 자랑하지 않는다는 이유가 있는데, 6절입니다. **"내가 만일 자랑하고자 하여도 어리석은 자가 되지 아니할 것은 내가 참말을 함이라. 그러나 누가 나를 보는 바와 내게 듣는 바에 지나치게 생각할까 두려워하노라."**

사람들이 나를 높일까 봐 그렇다는 것입니다. 정말 그렇지 않겠습니까? 제가 사도바울과 같은 경험을 했다면 사람들은 저에 대하여 얼마나 신령했으면 낙원을 다녀올 수 있었겠느냐며 저를 대단한 사람으로 볼 것이 뻔합니다. 저에 대한 별명이 붙을 것입니다. '천국을 본 목회자'라고 말입니다. 바울에게 가장 두려운 일은 자신은 죽었는데 자신이 드러나며 주님이 가려지는 일이었습니다. 그래서 결단코 나는 그것을 자랑하지 않겠다며 낙원에 대하여 더이상 말하지 않습니다. 조금 아쉬운 부분입니다. 다녀왔으면 말씀을 좀 해 주시면 좋을 텐데... 그러나 여러분 너무 아쉬워할 필요가 없는 것이 요한계시록에 어느 정도 나타나 있습니다. 그러면서 바울은 진짜 자신에게 도움이 되는 자랑이 있다고 합니다. 자신의 약한 것입니다. 5절입니다. **내가 이런 사람을 위하여 자랑하겠으나 나를 위하여는 약한 것들 외에 자랑하지 아니하리라.**

바울의 자신의 약한 것이 자랑이라고 합니다

그럼 바울의 약한 것들은 무엇을 의미합니까? 자신을 부끄럽게 하며 자신을 주저앉히는 것들입니다. 사도 바울은 한 가지 예를 듭니다. 7절입니다. **여러 계시를 받은 것이 지극히 크므로 너무 자만하지 않게 하시려고 내 육체에 가시 곧 사탄의 사자를 주셨으니 이는 나를 쳐서 너무 자고하지 않게 하려 하심이라.** 육체의 가시는 바울의 안과 질환입니다. 왜 그것이 약함이 됩니까? 육체의 가시를 바울은 사탄의 사자로 표현합니다. 안과 질환이 자신에게 사탄 노릇을 한다는 것입니다. 무슨 말입니까? 바울은 안과 질환을 가지고 있었기에 그의 눈에 분비물이 찔끔 찔끔 나왔습니다. 그리고 좋지 않은 시력이었습니다. 한마디로 사람들이 바울의 눈을 보면 시험이 듭니다. 어떻게 사도라고 하면서 자신의 눈은 고치지 못하나. 어떻게 저런 눈으로 사람들에게 복음을 전하러 다니나! 그의 눈을 보면 사람들이 피하지 가까이 오지를 않습니다. 여기까지는 괜찮습니다. 사도 바울이 뭐 어때! 라면서 나가면 되는데, 바울 스스로 사람들의 그런 태도와 자신을 보면서 부끄러워합니다. 수치스러워합니다. 장애를 가지고 있거나, 신체상 결점을 가지고 계시는 분들은 아실 겁니다. 평소에는 그것을 잊고 생활합니다. 그러다 아무도 없는 곳에서 거울에 비친 자신의 결점을 봅니다. 보기 싫습니다. 흉합니다. 그러면 의욕이 꺾여집니다. 이런 내가 어떻게 주의 일을 할 수 있냐? 바울이 말하는 약함은 그것입니다. 자신을 부끄럽게 만들며 주저앉히는 것입니다. 바울에게 그것은 안과 질환입니다.

우리에게도 이런 약함이 있습니다. 어떤 분은 자신의 궁핍함을 보면서 부끄러워하며 늘 주저앉습니다. '내가 이렇게 살면서 무슨 봉사를 한다고 그러냐?' 어떤 분은 가정사입니다. 가정이 이런데 내가 어떻게 주의 일을 해! 어떤 분은 식구들이 예수를 믿지 않는 것입니다. 내 식구도 전도 못 하는데 다른 사람을 어떻게 전도해! 어떤 분은 신체의 장애가 그렇게 자신을 주저앉힐 수도 있습니다. 바울은 그런 약함을 자랑하겠다는 것입니다.

우리 집에 반듯하게 자라는 자녀가 있습니다. 늘 자랑거리입니다. 반면 다른 한 놈은 참 부끄럽습니다. 내가 장로인데, 내가 목사인데, 내 얼굴을 못 들게 하는 그런 자녀입니다. 그 자녀만 생각하면 내 모든 사역을 내려놓아야 할 것 같습니다. 나의 약함입니다. 바울은 잘 난 자녀를 자랑하지 않고, 나를 부끄럽게 하는 그 자녀를 자랑하겠다는 것입니다. 나를 부끄럽게 하는 그 가정사를 자랑하겠다는 것입니다. 그것이 진정 나를 위한 것이라는 것입니다. 왜 그렇습니까?

첫째, 그 약함 때문에 내가 교만해지지 않는다는 것입니다

바울은 낙원을 다녀왔습니다. 그러나 현실에서는 자신의 안과 질환도 고치지 못하고, 사람들은 자신을 피합니다. 낙원에 다녀온 대단한 사람 같아 보이지만 그러나 자신의 그 약함만 보면 자신은 아무것도 아님을 저절로 깨닫습니다. 그러면 자연스럽게 그 자랑스러운 사건, 낙원에 다녀온 것도 결국 전적인 하나님의 은혜임을 깨닫습니다. 자신이 잘나서 절대 그렇지 않음을 저절로 깨닫습니다. 하나님의 은혜를 은혜로 깨닫게 됩니다. 7절입니다. **여러 계시를 받은 것이 지극히 크므로 너무 자만하지 않게 하시려고 내 육체에 가시 곧 사탄의 사자를 주셨으니 이는 나를 쳐서 너무 자만하지 않게 하려 함이라.** 바울이 가장 두려워하는 것은 자기가 높아지는 것입니다. 그것은 하나님을 대적하는 길이기 때문입니다. 바울의 소원은 오직 주님만 나타나는 것입니다. 그런데 그 연약함으로 인하여 자신이 낮아지며 주님을 자랑하니까 결국 그 약함은 나를 위한 것이라는 것입니다.

모든 것을 가지고 교만의 자리에 가는 것보다 갖지 않고 겸손의 자리에 가는 것이 축복입니다. 그렇기에 행여 우리에게 약함이 있다면 그것을 통해 나를 보시기 바랍니다. 그것으로 인하여 불평하며, 원망하고 있다면 우리는 주님이 주신 기회를 놓쳐버립니다. 내가 그만큼 약함을 알 때, 비로소 주님의 은혜를 우리는 알게 됩니다. 그렇기에 바울에게 약함은 자랑이 되는 것입니다.

둘째, 주님은 약함을 고백하는 자를 세우신다는 것을 알았기 때문입니다

본문 9절입니다. **"나에게 이르시기를 내 은혜가 네게 족하도다. 이는 내 능력이 약한 데서 온전하여짐이라"** 바울이 그 약함을 없애 달라고 기도하였을 때, 주님이 주시는 말씀입니다. 내 은혜로 충분하다는 말은 내 은혜로 너는 충분히 사역할 수 있다, 너는 사명자로 살아갈 수 있다는 것입니다. 그 은혜가 무엇입니까? **"이는 내 능력이 약한 데서 온전하여짐이라."** 약한 자에게는 내 능력이 나타난다는 것입니다. 내가 진실로 약한 자임을 깨달을 때, 그 때 주님이 반드시 나에게 임하십니다. 왜 그렇습니까? 우리 주님은 약한 자를 세우시기 위해서 오셨기 때문입니다. 누가복음 4장 18절입니다. **"주의 성령이 내게 임하셨으니 이는 가난한 자에게 복음을 전하게 하시려고 내게 기름을 부으시고 나를 보내사 포로 된**

자에게 자유를, 눈 먼 자에게 다시 보게 함을 전파하며 눌린 자를 자유
롭게 하고"

　가장 분명한 예가 모세입니다. 하나님께서 양을 치는 모세에게 나타나
서서 그로 하여금 바로에게 가서 이스라엘 백성을 인도하여 내라고 합니
다. 이때 모세가 반응합니다. 출애굽기 3장 11절입니다. **"모세가 하나
님께 아뢰되 내가 누구이기에 바로에게 가며 이스라엘 자손을 애굽에
서 인도하여 내리이까?"** '내가 누구이기에' 나는 그럴만한 능력이 없다
는 것입니다. 겸손이 아닙니다. 그럼에도 하나님이 계속 가라고 하자, 모
세는 어떻게든 빠져나갈 이유를 찾습니다. 그래서 먼저 하나님이 어떤
분이신지 내게 가르쳐 달라는 것입니다. 하나님이 어떤 분이신지도 모르
면서 어떻게 바로에게 가겠느냐는 것입니다. 하나님은 자신의 이름을 가
르쳐줍니다. 그러자 모세는 또 이유를 댑니다. 혼자 어떻게 가느냐고 하
자 하나님이 그의 손에 있는 지팡이를 던져서 뱀이 되게 하고, 다시 집었
을 때 지팡이가 되는 능력을 보여주면서 내가 너와 함께 가겠다고 하십
니다. 그런데도 모세는 또 못가겠다고 합니다. 결국 그의 진짜 이유가
출애굽기 4장 10절에 나옵니다. **"모세가 여호와께 아뢰되 오 주여 나
는 본래 말을 잘하지 못하는 자니이다. 주께서 주의 종에게 명령하신
후에도 역시 그러하니 나는 입이 뻣뻣하고 혀가 둔한 자니이다."** 모세
는 말하는 것에 자신이 없었습니다. 말도 잘 못하면서 바로에게 간들 어
떻게 하겠느냐는 것입니다. 말을 잘 못하는 것, 그것이 모세에게 부끄러
운 일이었고, 모세를 주저앉히는 약함이었습니다. 하나님은 그런 그에게

내가 그 때 그 때 마다 할 말을 주겠다고 약속합니다. 그럼에도 모세는 어떻게 반응을 보입니까? (출 4:13) **"오 주여 보낼만한 자를 보내소서"** 자신의 약함에 빠져 있습니다. 결과는 하나님은 그 모세를 지도자로 세워 자신의 일을 하십니다. 자신의 약함을 받아들이는 자를 통하여 주님은 일하십니다.

사사기를 보면 에훗이란 사사가 나옵니다. 이 사람은 왼손잡이입니다. 사사기에서 말하는 왼손잡이는 오른손을 사용하지 못하는 자라는 뜻입니다. 한마디로 오른손 장애를 가진 자입니다. 사사는 전쟁을 치러야 합니다. 그러니 완전한 부적격자입니다. 에훗 자신도 자신이 이스라엘을 구원할 수 있는 자가 된다는 것을 생각하지 못하였습니다. 그런 자를 하나님은 세워서 이스라엘을 건집니다. 하나님이 그의 능력임을 보여주신 것입니다.

왜 주님께서는 당시 갈릴리 출신의 제자들을 사용하였을까요. 그것도 비범한 구석은 찾아 볼 수 없는, 당시 사람들 모두 인정할 수도 없는 그런 사람들을 사용하였을까요? 똑똑한 사람도 사용하십니다. 그러나 똑똑한 사람이 겸손해지기 전까지는 절대 사용하지 않습니다. 그런 사람을 통하여 주님이 자신을 드러내봤자 그는 자신을 드러냅니다. 놀랍습니다. 하나님은 자신의 약점에 매여 아무것도 할 수 없다는 그들에게 찾아가 그들을 통하여 역사를 일으킵니다. 그래야 주님의 능력임이 드러나기 때문입니다.

왜 나의 약함이 강함입니까? 주님이 나를 통하여 역사하시는 기회로 삼기 때문입니다. 주님께서 자신의 능력을 나타낼 기회로 삼기 때문입니다. 이것을 바울이 안 것입니다. 그러자 바울은 이제 완전히 시각이 바뀝니다. **10절 그러므로 내가 그리스도를 위하여 약한 것들과 능욕과 궁핍과 박해와 곤고를 기뻐하노니 이는 내가 약한 그 때에 강함이니라.** 이렇게 부끄럽고 수치스러운 것이 있지만 이때 주님이 나를 위하여 일하시는 때이구나. 이때 주님의 능력이 나타날 때이구나. 그래서 나를 세워 나가시는구나! 이 진리를 깨달은 바울은 자신이 약한 그 때 더 이상 자신을 보지 않고 오히려 주님이 어떻게 일하시는지 기대감을 가지고 나갑니다.

이 시각이 열리기를 축복합니다. 지금 나를 심히 부끄럽게 하는 것, 나로 하여금 한숨짓게 하고 모든 삶의 의욕을 꺾는 부분이 있을 줄 압니다. 불평과 원망 대신에 진실로 나의 약함을 인정하십시다. 그러면서 지금 나의 모든 부분이 주님의 은혜임을 보면서 감사하십시다. 그리고 이런 나의 약함을 통해서 주님이 일을 하심을 믿으시기 바랍니다.

21
덕 있는 믿음이 되어야 합니다

21
덕 있는 믿음이 되어야 합니다
고린도후서 12:14~21

14 보라 내가 이제 세 번째 너희에게 가기를 준비하였다가 너희에게 폐를 끼치지 아니하리라 내가 구하는 것은 너희의 재물이 아니요 오직 너희니라 어린 아이가 부모를 위하여 재물을 저축하는 것이 아니요 부모가 어린 아이를 위하여 하느니라15 내가 너희 영혼을 위하여 크게 기뻐하므로 재물을 사용하고 또 내자신까지도 내어 주리니 너희를 더욱 사랑할수록 나는 사랑을 덜 받겠느냐 16 하여간 어떤 이의 말이 내가 너희에게 짐을 지우지는 아니하였을지라도 교활한 자가 되어 너희를 속임수로 취하였다 하니 17 내가 너희에게 보낸 자 중에 누구로 너희의 이득을 취하더냐 18 내가 디도를 권하고 함께 한 형제를 보내었으니 디도가 너희의 이득을 취하더냐 우리가 동일한 성령으로 행하지 아니하더냐 동일한 보조로 하지 아니하더냐 19 너희는 이 때까지 우리가 자기 변명을하는 줄로 생각하는구나 우리는 그리스도 안에서 하나님 앞에 말하노라 사랑하는 자들아 이 모든 것은 너희의 덕을 세우기 위함이니라 20 내가 갈 때에 너희를 내가 원하는 것과 같이 보지 못하고 또 내가 너희에게 너희가 원하지 않는 것과 같이 보일까 두려워하며 또 다툼과 시기와 분냄과 당 짓는 것과 비방과 수군거림과 거만함과 혼란이 있을까 두려워하고 21 또 내가 다시 갈 때에 내 하나님이 나를 너희 앞에서 낮추실까 두려워하고 또 내가 전에 죄를 지은 여러 사람의 그 행한 바 더러움과 음란함과 호색함을 회개하지 아니함 때문에 슬퍼할까 두려워하노라

바울이 고린도 교회에 흉년을 당한 예루살렘 교회를 위한 구제헌금을 요청했다는 내용을 앞에서 다루었습니다. 이제 바울이 예루살렘 교회에 방문해서 헌금을 전달하겠다는 말을 하니 거짓 사도들과 그들을 따르는 성도들이 바울을 공격합니다. 본문 16절입니다. **"하여간 어떤 이의 말이 내가 너희에게 짐을 지우지는 아니하였을지라도 교활한 자가 되어 너희를 속임수로 취하였다 하니"** 바울이 우리에게 짐을 지우지는 않았다는 말은 바울이 고린도 교회로부터 어떤 사례비도 받지 않은 것을 일컫는 말입니다. 그들은 그것이 바울의 교활한 면이라는 것입니다. 교회의 사례비는 받지 않으면서 구제헌금을 이렇게 계속 강조하는 까닭이 어디에 있겠느냐는 것입니다. 자신의 주머니를 챙기려는 까닭이 아니겠느냐는 것입니다. 그들의 억측입니다.

교회는 아니 땐 굴뚝에도 연기가 날 수 있는 곳입니다. 어느 목사님이 말 많은 교회에 시무하면서 어떻게 하면 성도들이 그냥 자신의 생각으로 하는 말을 멈추게 할 수 있을지 고민했답니다. 그래서 수첩을 가지고 다니다가, 누가 뭐라고 하면 "제가 기억력이 나빠서 그러는데 좀 적을 테니 다시 한 번 분명하게 말씀해 주세요. 누가, 언제, 뭐라고 했다고요?" 그랬더니 다 "아, 아닙니다!" 하더랍니다. 그래서 20년 동안 한 페이지도 기록하지 못했다고 합니다. 쉽게 자신의 생각대로 말을 하지 말아야 합니다.

바울은 부단히 구제헌금을 강조합니다

바울은 예루살렘 교회를 위한 구제헌금을 상당히 강조합니다. 그러나 당시의 상황으로는 납득이 안 될 수 있습니다. 고린도 교회가 바울의 사도성을 의심하는 상태입니다. 그러면 구제헌금으로 인하여 더 큰 의심을 받을 수 있습니다. 목회를 하면서 돈 때문에 의심을 받으면 큰일입니다. 바울이 고린도 교회에 사례비를 받지 않는 까닭도 그것 때문입니다. 당시 철학을 가르치면서 철학 교사들이 수강료를 받았는데 자신이 사례비를 받으면 사람들이 자신이 전하는 복음을 철학으로 오해할까 봐 그래서 받지 않았습니다. 구제헌금 때문에 오해받을 필요가 뭐 있겠습니까?

그리고 예루살렘 교회보다 더 힘든 교회들이 있습니다. 마게도냐 지역의 교회입니다. 그 교회는 박해를 받을 뿐 아니라 끼니조차 이어갈 수 없는 극한의 가난 속에 살고 있습니다. 그러면 마게도냐 교회가 구제헌금을 받아야 합니다. 그러나 그 교회는 힘에 지나도록 구제헌금을 하였고 바울은 기꺼이 그 헌금을 가지고 예루살렘교회로 갑니다.

그리고 바울이 예루살렘 교회에 구제헌금을 가지고 갔을 때, 예루살렘 교회가 헌금을 받을지 그것도 미지수였습니다. (롬 15:31절) **"나로 유대에서 순종하지 아니하는 자들로부터 건짐을 받게 하고 또 예루살렘에 대하여 내가 섬기는 일을 성도들이 받을 만하게 하고"** 여기서 섬기는 일은 구제헌금을 말합니다. 그들이 구제헌금을 받을 수 있도록 기도해 달라는 것입니다. 예루살렘 교회는 유대인들로 구성된 교회입니다. 유대의 선민사상 때문에 자신들만이 예수 그리스도를 믿어 구원을 얻는다고 생각하여 이방인 교회의 헌금을 받지 않을 수 있습니다. 그래서 기도해 달라는 것입니다.

자신의 목회도 의심을 받으며, 더 가난한 교회를 위해서는 구제헌금을 하지 않고, 나아가서 예루살렘 교회는 받지 않을 수도 있는데 바울은 거듭거듭 구제헌금을 강조하며 그 헌금을 잘 거둘 수 있도록 자신의 제자들을 고린도 교회에 보내기까지 합니다.

바울은 고린도 교회가 참믿음을 가진 자들이 되기를 바랐습니다

그 까닭을 고린도후서 12장 19절에서 밝힙니다. **"너희는 이때까지 우리가 자기변명을 하는 줄로 생각하는구나 우리는 그리스도 안에서 하나님 앞에 말하노라 사랑하는 자들아 이 모든 것은 너희의 덕을 세우기 위함이니라."** 논리적으로 하면, 예루살렘 성도들의 힘듦 때문에 그렇다고 해야 합니다. 그런데 말씀은 너희들을 위해서, 특별히 너희들의 덕을 세우기 위함이라는 것입니다. 이게 무슨 의미일까요? 고린도 교회가 덕이 있다는 말을 듣는 것이 얼마나 중요하기에 바울은 의심까지 받으면서 구제헌금을 하라고 한 것일까요?

먼저 덕이 있다는 말의 의미를 살펴보아야 합니다. 요즘 참 듣기 힘든 말입니다. 의미를 모르는 분들이 꽤 많습니다. 그러나 성경에서는 참 많이 강조합니다. 베드로후서 1장 5절입니다. **"이러므로 너희가 더욱 힘써 믿음에 덕을 덕에 지식을..."** 믿음에는 반드시 덕이 있어야 된다는 말입니다. 덕이 없는 믿음은 있을 수 없음을 말합니다. 덕이란 무슨 의미입니까? '상대방을 세워주는 자세 또는 마음'을 말합니다. 예를 들면, 고린도 지역은 우상을 많이 숭배하는 도시입니다. 시장에서 팔리는 고기 대부분은 우상에게 바쳐진 제물입니다. 믿음이 약한 자는 그래서 고기를 사서 먹지 못합니다. 고기를 먹으면 곧 우상에게 절을 하는 것이라고 여겼기 때문입니다. 바울은 음식은 감사하고 먹으면 된다고 가르칩니다. 그런데도 그들은 그렇게 못합니다. 바울은 고기를 먹을 수 있습니다. 그럼에도 그들과 함께 있을 때는 먹지 않습니다. 자신은 먹을 수 있었지만 포기합니다. 왜냐하면 그들을 시험 들게 할까 봐서 그렇게 하였습니다. 이렇게 그들을 배려해서 세워주고자 하는 자세가 바로 덕입니다.

고린도 교회가 헌금한 것을 가지고 예루살렘 교회에 가져갑니다. 예루살렘 교회를 위하는 마음입니다. 덕 있는 행동입니다. 이 헌금을 받은 예루살렘 교회는 고린도 성도들을 어떻게 생각할까요? 만약 우리가 힘들 때 옆에 있던 집사님 한 분이 성심껏 도와줍니다. 그럼 우리는 그 집사님을 보고 감사하다고 하면서 그 집사님의 믿음을 인정하지 않겠습니까? "참 바르게 믿으시구나!" 예루살렘 교회도 마찬가지로 고린도 성도들을 향해서 덕이 있는 성도들이라고 하면서 그들이 예수를 잘 믿는다고 말하지 않겠습니까? '구제헌금을 함으로 고린도 성도들의 덕이 세워지도록 하기 위함'이라는 말은 곧 고린도 성도들의 믿음을 인정받기 위해서라는 말과 같습니다. 정리하면, 바울은 고린도 성도들의 믿음이 예루살렘 교회에서 인정받도록 하기 위해 구제헌금을 한다는 것입니다.

그것이 왜 그렇게 중요합니까? 바울은 구약을 능통하게 알고 있습니다. 구약 여러 군데서 예언한 내용은(사 66:18-21, 미 4:1-3 슥 8:20-23 등등) 종말에 하나님이 시온에 오시면 그 광채가 거기서부터 세상의 땅 끝까지 비춰서, 이 빛의 광채에 의해서 사방에 흩어져 사는 열방이 참 하나님에 대한 지식을 얻게 되어 자신들이 섬기던 우상을 버리고 시온에 예물을 가지고 하나님을 예배하러 온다는 사상입니다.

하나님의 광채는 예수 그리스도를 말합니다. 광채가 땅 끝까지 비치는 것은 예수 그리스도가 증거된다는 것이며, 예수 그리스도를 믿는 자들이 곧 시온인 예루살렘에 와서 예물을 드리는 것입니다. 바울은 그렇게 해석을 한 것입니다. 헌금은 무엇입니까? 하나님께 드리는 예물이면서 동시에 자신을 대표하는 것이라고 하였습니다. 그럼 구제헌금이 시온에 왔다는 것은 곧 누가 왔다는 것입니까? 고린도 교인들입니다. 바울은 구제헌금을 예루살렘에 가져감으로 종말에 일어날 예언이 성취되는 것으로 여겼습니다. 그럼 고린도 교인들은 어떤 자들이 됩니까? 하나님의 광채인 예수 그리스도를 참되게 믿는 하나님의 백성이 됩니다. 바울은 구제헌금을 통하여 이방 교회 그리고 고린도 교회가 참된 믿음이 있는 자로 확증되기를 바랐던 것입니다. 고린도 교회가 참된 믿음의 성도가 되기를 간절히 바라는 마음이 구제헌금 속에 들어가 있었던 것입니다. 바울에게는 그것보다 중요한 것이 없었습니다.

우리의 면류관은 믿음으로 살아가는 것입니다

바울은 디모데에게 이렇게 말을 합니다. (딤후 4:8) **"나는 선한 싸움을 싸우고 나의 달려갈 길을 마치고 믿음을 지켰으니 이제 후로는 나를 위하여 의의 면류관이 예비되었으므로 주 곧 의로우신 재판장이 그 날에 내게 주실 것이며"** 바울이 나에게 면류관, 나에게 영광이 이미 준비되었다고 큰소리친 까닭, 나는 믿음을 지켰다는 것입니다. 주님이 주신 많은 축복들, 평안, 안정, 부요함, 건강, 사업, 직장... 다 감사해야 합니다. 그러나 마지막 주님 앞에 섰을 때에 진정 나의 면류관이 되는 것이 무엇일까요? 나의 자랑이 되는 것이 무엇일까요? 자신에게 맡겨진 사명과 참된 믿음으로 살아가는 것 그것뿐입니다. 참된 믿음 없이 쌓은 모든 것은 모래 위에 지은 집과 같습니다.

그래서 바울에게 가장 큰 두려움은 고린도 교회가 믿음 없이 사는 것, 자기 뜻대로 살아가는 것입니다. 본문 20절을 봅니다. **"내가 갈 때에 너희를 내가 원하는 것과 같이 보지 못하고 내가 너희에게 너희가 원하지 않는 것과 같이 보일까 두려워하며 또 다툼과 시기와 분 냄과 당 짓는 것과 비방과 수군거림과 거만함과 혼란이 있을까 두려워하고"** 그들이 죄 가운데 있는 것 즉, 자신의 정욕대로 살아가는 것을 바울은 가장 두려워합니다. 그것은 그들을 멸망시키는 것이요, 동시에 자신은 모든 면류관을 잃는 것이기 때문입니다.

오늘 우리의 간절한 소망은 무엇입니까? 오늘 나의 가장 큰 두려움은 무엇입니까? 평안을 얻고 잃는 것입니까? 재물을 얻고 잃는 것입니까? 그것은 이 땅만 바라보며 살아가는 일입니다. 믿음의 성도가 이것에 초점을 맞추면 모든 것을 잃습니다. 참된 믿음으로 살며, 그 믿음을 보여주는 덕이 있는 자, 이것이 우리의 면류관임을 잊지 말아야 합니다.

요사이 SNS에 해시태그를 달고 '나는 누구다!'라고 표명하는 일이 잦습니다. 그를 지지하고 옹호한다는 말입니다. 예수 그리스도를 믿으면 우리는 반드시 자신은 죽었기에 우리 안에 예수님만이 살기에 '나는 예수'라고 외쳐야 합니다. 우리는 예수 그리스도를 대신하여 사는 자들입니다. 예수 그리스도를 대신하여 남편으로 있고 아빠로 있고 회사에 다닙니다. 부모가 가정에서 그 고백으로 살면 덕이 있는 부모입니다. 가정을 믿음으로 세우는 자이기 때문입니다. 예수님께서 겟세마네 동산에도 제자들을 데리고 갔습니다. 그곳에서 제자들은 잠을 잤습니다. 그럼에도 데려간 까닭이 무엇입니까? 주님은 자신이 누구의 뜻에 따라 움직이는지를 보여주기 위함입니다. 그럼으로 제자들을 세우려고 한 것입니다. 나중에 성령을 통해 예수 그리스도가 자신의 주이심을 깨달은 제자들은 예수 그리스도께서 하나님 아버지께 하신 것처럼 그들도 주님의 뜻이라면 자신의 생명을 내어놓는 자가 된 것입니다. 스승이신 예수님의 덕 때문입니다.

내 자녀의 입에서 나를 보고 '우리 아빠 덕이 있는 아빠야! 나는 아빠를 보고 예수를 배웠어!' 그렇게 자녀들이 믿음으로 자라면, 그 자녀들은 나의 면류관이요, 나의 상급이 될 것입니다. 오래전 제자 훈련을 시작하는 첫 시간에 왜 제자훈련에 참가하였는지 동기를 물은 적이 있습니다. 그 때 한 집사님이 목사님을 보고 목사님처럼 살기 위해서 참여했다고 합니다. 그 이전에도 없었고 그 이후에도 없었습니다. 사실 그 한 분에게서 그런 소리를 들은 것도 기적입니다. 그럼에도 저는 교회에 덕이 되기를 원합니다. 감히 나와 같이 예수를 믿으라고 말을 하는 목회자가 되고 싶습니다. 그것이 최고의 면류관이기 때문입니다. 자녀에게 가장 좋은 부모는 믿음을 보여주는 덕이 있는 부모입니다. 자녀들은 최고의 부모를 만난 것입니다. 모든 영역에 믿음의 덕을 끼칠 수 있는 그리스도인이 되기를 축복합니다.

22
자기가 죽으면 주님이 일하십니다

22
자기가 죽으면 주님이 일하십니다

고린도후서 13:1-4

1 내가 이제 세 번째 너희에게 가리니 두세 증인의 입으로 말마다 확정하리라 2 내가 이미 말하였거니와 지금 떠나 있으나 두 번째 대면하였을 때와 같이 전에 죄 지은 자들과 그 남은 모든 사람에게 미리 말하노니 내가 다시 가면 용서하지 아니하리라 3 이는 그리스도께서 내 안에서 말씀하시는 증거를 너희가 구함이니 그는 너희에게 대하여 약하지 않고 도리어 너희 안에서 강하시니라 4 그리스도께서 약하심으로 십자가에 못 박히셨으나 하나님의 능력으로 살아 계시니 우리도 그 안에서 약하나 너희에게 대하여 하나님의 능력으로 그와 함께 살리라

바울은 고린도 교회를 세 번째 방문하려고 합니다. 두 가지 목적을 가졌는데 먼저는 고린도 교회가 작정한 구제헌금을 예루살렘 교회에 전달하는 것입니다. 둘째는 여전히 죄를 떠나지 않는 자들과 자신의 사도성을 의심하는 자들을 다스리기 위함입니다. 2절을 봅니다. **"내가 이미 말하였거니와 지금 떠나 있으나 두 번째 대면하였을 때와 같이 전에 죄지은 자들과 그 남은 모든 사람에게 미리 말하노니 내가 다시 가면 용서하지 아니하리라."** 용서하지 않겠다는 것입니다. 그들의 죄를 다스리겠다는 말입니다. 그러나 오해하지 말아야 할 것은 용서하지 않겠다는

말을 우리식으로 받아들여선 안 됩니다. 우리는 이 말을 "다시 한 번 그 사람이 그렇게 하면 저 가만히 있지 않을 거예요." 라는 식으로 마치 그 사람이 한 것과 같은 똑같은 행동을 하겠다는 표현으로 들을 수 있는데 사실은 그것이 아닙니다. 바울은 자신이 살아 있는 것을 수치로 여깁니다. 그런 바울이 그들에게 가서 분노한 가운데 그들을 치리하는 것은 있을 수 없습니다. 그럼 바울이 용서하지 않겠다는 의미는 무엇일까요? 이 말은 자신을 통하여 주님께서 심판하신다는 것을 말합니다.

본문은 우리에게 두 가지를 가르쳐줍니다.

첫째, 죄를 심판하시는 주님을 보면서 자신의 죄를 볼 때마다 회개하여야 합니다

사실 바울이 고린도에서 그들의 죄를 용서치 않겠다고 하면서 하는 일은 고린도후서 13장 1절입니다. **"내가 이제 세 번째 너희에게 가리니 두세 증인의 입으로 말마다 확정하리라."** 두세 증인을 데리고 가서 그들의 죄를 지적할 때, 바울의 말이 맞음을 확정하겠다는 것입니다. 한편으로 생각하면 '용서치 않겠다'는 말과 어울리지 않습니다. 그렇게 죄를 지적하고 죄를 확증하면 그것으로 끝입니다. 그런데 바울은 자신은 그렇게 하겠다고 하고 그렇게 하는 것이 용서치 않는 것이라고 합니다. 왜 그렇습니까? 그렇게 죄를 공식적으로 지적할 때 주님의 심판이 있음을 알기 때문입니다.

한 예로 사도행전 5장에 아나니아와 삽비라 부부가 나옵니다. 이들 부부가 땅을 팔아서 교회에 바치기로 결심합니다. 그러나 막상 팔고 난 다음 욕심이 생겨 얼마를 감춥니다. 그리고는 베드로 앞에서는 전부라고 말을 합니다. 성령의 감동으로 베드로가 그것을 알았습니다. (행 5:4) **"땅이 그대로 있을 때에는 네 땅이 아니며 판 후에도 네 마음대로 할 수가 없더냐 어찌하여 이 일을 네 마음에 두었느냐 사람에게 거짓말한 것이 아니요 하나님께로다."** 그 말이 떨어졌을 때, 아나니아가 엎드려지면서 그 자리에서 죽습니다. 주님께서 그 죄를 다스리신 것입니다.

고린도후서 13장 3절입니다. **"이는 그리스도께서 내 안에서 말씀하시는 증거를 너희가 구함이니 그는 너희에게 대하여 약하지 않고 도리어 너희 안에서 강하시느니라."** 너희 안에 계신 주님은 강하시다. 그분은 심판자이시다. 용서치 않는다는 말은 주님이 심판하시기 때문에 사용한 말입니다. 이들의 죄가 무엇입니까? 살인입니까? 강도짓입니까? 고린도후서 12장 20-21절입니다. **'다툼 시기 분쟁 분냄 당 짓는 것 비방 수군거림 거만함 즉 자기 자랑'**입니다. 그리고 22절의 **'음란과 호색함'**입니다. 세상에서 다툼과 분쟁과 분냄과 수군거림, 음란과 호색함이 없는 곳이 있습니까? 그런데 교회 안에도 세상처럼 이것이 횡행합니다. 하나님은 하나님의 백성과 교회는 세상과 다르게 대합니다. 이 모든 것은 자기사랑이기에, 그것은 곧 주님을 대적하는 것이기에 주님은 반드시 심판하십니다. (히 12:8) **"징계는 다 받는 것이거늘 너희에게 없으면 사생자요 참 아들이 아니니라."**

저는 주님의 심판을 두려워합니다. 도로의 표지판은 어디서나 똑같습니다. 그래서 표지판은 사인이 됩니다. 기도 생활 등에서 게을러지면 주님은 어김없이 저에게 사인(경고)을 보냅니다. 저로 하여금 부끄러움을 당하게 하시는데 어디서 하시는 줄 아십니까? 꿈에서 합니다. 꿈이 똑같습니다. 수많은 사람이 모여 있습니다. 제가 설교자인데 설교할 원고가 없는 것입니다. 그러면서 당황하면서 깹니다. 그런데 그 장소와 내용이 늘 똑같습니다. 저에게는 분명한 사인(경고)입니다. 사인이 있다는 것은 심판이 있다는 것 아닙니까? 제가 또 주님을 두려워하는 까닭은 오직 주님의 은혜로 제가 살아가고 있음을 알기 때문입니다. 이 모든 것이 주님의 은혜라면, 그러면 거둬 가시는 분도 주님이심을 알기에 저는 두려워합니다.

여러분, 우리가 잠깐 방심하게 되면 자기를 사랑하며 자기를 위해서 살아가게 됩니다. 그 모습을 볼 때마다 늘 회개의 자리로 가야 합니다. 주님은 반드시 심판하시는 분이시기 때문입니다.

둘째, 내가 약한 자로 사는 것을 두려워하지 말아야 합니다

고린도 성도들이 바울에 대하여 함부로 하는 까닭이 무엇입니까? 바울을 막상 대면하여 보면 바울이 너무 유순합니다. (고후 10:1) **"너희를 대면하며 유순하고 떠나 있으면 너희에 대하여 담대한 나 바울은 이제 그리스도의 온유와 관용으로 친히 너희를 권면하고"** 바울은 온유한 자입니다. 고린도 성도들은 바울에게 화를 내도 바울은 함께 화내지 않습니다. 바울은 그들과 함께 다투지 않습니다. 그들을 비방하지 않고 늘 그들을 친절하게 대합니다. 관용으로 그들을 받아들입니다. 그들을 무시하는 법이 없습니다. 밖에서 보면 고린도 교인들에게 맞춰 사는 것 같아 보입니다. 그래서 고린도 교인들은 어떻게 생각합니까? 아, 바울이 뭐 꿀리는 것이 있나 보다. 뭐 사도로서 부적격한 것이 있나 보다. 그들은 바울의 약함을 보면서 바울을 공격합니다. 바울을 보고 그들도 닮아가도록 해야 하는데 그렇지 않습니다.

이 부분이 오늘 우리에게 갈등을 줍니다. 우리 집 아이와 전화를 하면서, 제가 성을 조금 냈습니다. 성을 내고 싶은 마음은 없었지만, 성을 내야 이놈이 듣겠다 싶어서 그렇게 한 것입니다. 전화를 끊고 나서 제가 얼마나 어리석은지 또 깨달았습니다. 저는 여전히 세상을 따라가고 있었습니다. 세상의 방법은 무엇입니까? 내가 약한 자로 있으면 무엇이 바뀌지지 않는다는 것입니다. 세상에서 강한 자는 자아가 센 자입니다. 그래서 우리는 좋게 말하면 안 될 것 같아서 일부러 분노하며, 드센 말을 하지 않습니까? 그래야 아이들이 잘 성장할 것 같습니다. 그렇게 해야 직원들이 일을 잘할 것 같습니다. 내가 죽은 자처럼 되어 있으면 아무것도 할 수 없을 것 같습니다. 저도 다른 교역자와 함께 생활하면서, 자기가 속에서는 살아서 움직입니다. 그럼에도 죽었음을 인정하면서 유순한 자로 살려고 힘씁니다. 그러나 한편으로는 마음에 불안감이 있습니다. 이렇게 해서 일이 되려나! 뭐 바뀌지려는 것이 있으려나? 불안합니다.

거기에 답을 줍니다. 본문 4절 앞부분입니다. **"그리스도께서 약하심으로 십자가에 못 박히셨으니 하나님의 능력으로 살아 계시니"** 예수 그리스도는 하나님이십니다. 스스로 죄인이 되기를 작정하셨습니다. 하나님이 하나님 되심을 부인하신 것입니다. 약한 자가 되기를 원하셨습니다. 자기를 죽인 것이지요. 그런데 하나님께서 그를 살리셔서 만물의 주로 삼으셨습니다. 바울은 그 원리를 가져옵니다. 4절 뒷부분입니다. **"우리도 그 안에서 약하나 너희에게 대하여 하나님의 능력으로 그와 함께 살리라."** 우리도 그 안에서 약하다는 말은, 우리가 죽은 자로 살아간다는 말입니다. 그는 나를 비방해도 나는 비방할 수 없는 자가 되었습니다. 약한 자가 된 것입니다. 그러나 어떤 말씀을 합니까? 그러나 **"너희에게 대하여 하나님의 능력으로 그와 함께 살리라"**고 합니다. 그런 약한 우리지만 예수 그리스도를 살리신 하나님이 우리를 주님과 함께 살릴 것이라고 합니다.

셋째, 우리를 통로로 주님이 역사하십니다

우리는 포도나무 가지입니다. 가지는 생명력이 없습니다. 나무의 생명력이 가지를 통해 전달될 때, 그때 가지는 열매를 맺습니다. 그렇듯이 우리가 없을 때, 우리가 십자가에 못 박혀 죽은 자로 있을 때, 그때 하나님이 주님을 살리셨듯이 우리를 통하여 주님은 역사하십니다. 희한합니다. 세상은 절대 알 수 없는 이치입니다. 이 놀라운 영적인 진리를 깨달으셔야 합니다.

성경의 모든 이야기가 그 이야기입니다. 여리고성은 결단코 이스라엘이 무너뜨릴 수 없는 성입니다. 하나님께서는 그 성을 모든 이스라엘 백성들이 무장도 하지 않고 그냥 돌라고 합니다. 만약에 성문을 열고 여리고성 사람들이 공격하면 꼼짝없이 당합니다. 그것은 자신들의 생명을 내려놓아야만 합니다. 동시에 그것은 어떤 의미입니까? 오직 하나님만을 의지한다는 표시입니다. 마지막 날 일곱 바퀴를 돌라고 합니다. 더 위험합니다. 그들은 온전히 하나님만을 의지하였습니다. 그렇게 일곱 바퀴를 돌고 그들이 외칠 때 여리고성은 무너졌습니다. 주님을 온전히 의지할 때만 나는 온전히 죽을 수 있습니다. 그렇기에 내가 죽어 있을 때 주님은 역사합니다.

부모가 일찍 죽고 고모 손에서 성장한 조카가 있습니다. 사춘기에 접어들면서 유난히 고모의 잔소리가 듣기 싫어집니다. 그래서 매일 집에서 고모와 다투는 것이 일상이었습니다. 아예 집에 들어가면 제 방으로 들어가 문을 걸어 잠그고 고모 얼굴을 보지 않는 것이 마음 편한 일이었습니다. 이 학생이 주일날 말씀을 듣다 은혜를 입었습니다. '나는 죽었고 내 안에 주님이 살아계셔! 그러니까 나는 주님을 대신하여 살아야 해, 오직 나에게는 주님만 나타나야 해!' 집으로 돌아가는데 현관문을 잡는 순간, 또다시 고모의 얼굴이 나타납니다. 왜 이제 왔느냐고 호통을 치는 고모, 이것저것 사사건건 모든 것을 간섭하는 고모. 그 고모와 영락없이 또 다투는 자신의 모습이 그려집니다. 현관문의 손잡이를 잡고 기도하였습니다. '자기중심으로 사는 나는 죽었습니다. 내 안에 계신 주님이 고모를 만나게 해 주세요.' 그러면서 문을 열었습니다. 아니다 다를까 기다렸다는 듯이 고모가 소리를 높입니다. 그런데 그날따라 고모의 얼굴이 자세히 눈에 들어옵니다. 자신을 키우기 위해 시집까지 가지 아니하고 뒷바라지 하느라 고생한 그 고생이 고모의 얼굴에 비칩니다. 자신의 삶을 포기하고 오로지 자기만을 위해 산 그 고모의 고생이 마음에 들어옵니다. 그러자 참을 수가 없어 고모를 껴안고 울었다고 합니다. 나 때문에 우리 고모 이렇게 늙었어. 이렇게 고생했어. 조카의 의외의 행동에 고모 또한 당황했지만, 조카의 말을 듣고 있는데 조카를 위해서 산 그날들이 떠오릅니다. 두 사람 부둥켜안고 웁니다. 그 멀었던 관계가 회복이 된 것입니다. 그리고 고모도 예수를 믿게 되었다죠. 내가 죽고 사는 것, 이것이 연약하게 보이지만, 아닙니다. 주님이 그때부터 나를 통해 일하십니다.

내가 죽었다는 것, 내가 없는 자로 사는 것, 한없이 미련하고 약해 보이지만 끝까지 가십시오. 여러분을 통해 자녀가 주님을 만날 것입니다. 여러분들을 통해 이웃이 주님을 만날 것입니다. 주님이 여러분을 통로로 역사하실 줄 믿습니다.

23
다시 출발점으로

23
다시 출발점으로
고린도후서 13:5-10

5 너희는 믿음 안에 있는 너희 자신을 시험하고 너희 자신을 확증하라 예수 그
리스도께서 너희 안에 계신 줄을 너희가 스스로 알지 못하느냐 그렇지 않으면
너희는 버림 받은 자니라 6 우리가 버림 받은 자 되지 아니한 것을 너희가 알기
를 내가 바라고 7 우리가 하나님께서 너희로 악을 조금도 행하지 않게 하시기
를 구하노니 이는 우리가 옳은 자임을 나타내고자 함이 아니라 오직 우리는 버
림 받은 자 같을지라도 너희는 선을 행하게 하고자 함이라 8 우리는 진리를 거
슬러 아무 것도 할 수 없고 오직 진리를 위할 뿐이니 9 우리가 약할 때에 너희
가 강한 것을 기뻐하고 또 이것을 위하여 구하니 곧 너희가 온전하게 되는 것이
라 10 그러므로 내가 떠나 있을 때에 이렇게 쓰는 것은 대면할 때에 주께서 너
희를 넘어뜨리려 하지 않고 세우려 하여 내게 주신 그 권한을 따라 엄하지 않게
하려 함이라

어느 책에서 읽은 내용입니다. 어느 한 목사님이 유학을 끝내고 귀국을
하기 전 선배 목사님을 만나 식사를 하였답니다. 식사 중에 80세가 되신
목사님이 이런 말씀을 하시더랍니다. "내가 올해 5월, 거의 30년 만에 아
내와 함께 한국을 방문했는데, 친지들이 오랜만에 오셨으니 한국에서 잘
나가는 교회를 탐방해 보시라고 해서 두 교회를 돌아보았습니다. 그런

데 두 번 울고 왔습니다." 귀국하시는 목사님께서는 '오랜만에 오셨으니 감격해서 우셨나?'라고 생각했는데 목사님은 의외로 슬퍼서 울었다고 합니다.

한 교회를 소개하면, 그 교회에서 예배를 마치고 나서 주차장에서 차를 빼려고 하는데 뒤의 차가 차를 빨리 빼라며 경적을 울렸답니다. 미안하다고 했는데도 경적을 계속 울리며 짜증을 냈습니다. 겨우 차를 빼주고 나서 목사님은 차 안에서 눈물을 흘렸습니다. '교회에 와서 예배드린 후에 영적 가족인 성도가 차를 빼는데 그것을 웃으며 못 기다려주고 빵빵거리는 사람이 세상에 나가서 다른 사람에게 어떻게 행동하겠나? 어떻게 하나님의 영광을 드러내겠나?' 싶어서 울었답니다. 이 이야기를 들으면서 '뭐 그런 교회가 있나?' 그런 생각이 듭니까? 아니면 '그런 교회가 많지' 라는 생각이 듭니까?

고린도 교회를 보십시다. 고린도후서 12장 20절 후반입니다. **"다툼과 시기와 분냄과 당 짓는 것과 비방과 수군거림과 거만함과 혼란이 있을까 두려워하고"** 어떻습니까? 이런 모습의 교회가 익숙합니까? 낯섭니까? 여러분은 어떤지 모르지만 저는 어릴 때부터 숱하게 본 모습입니다. 오죽하면 제가 한 가지 결심을 했겠습니까? 내가 목회하는 교회에는 다른 것은 몰라도 다툼은 없도록 하겠다고 말입니다. 사실 다투는 것은 약과입니다. 세상 사람들보다 자기 정욕을 더 추구하는 자들도 많습니다. 고린도 교회가 왜 이렇게 되었을까요? 결국, 이 질문은 오늘 우리에게 던지는 물음입니다.

원래 교회는 세상으로부터 칭찬을 들어야 합니다

처음 교회가 생겼을 때, 권력자들의 박해로 인한 핍박은 있었지만 세상으로부터는 칭찬을 들었습니다. (행 2:47) **"하나님을 찬미하며 또 온 백성에게 칭송을 받으니"** 여기서 칭송을 받았다는 말은 사람들의 호감을 샀다는 말입니다. 사람들이 너무 좋아했다는 말입니다. 그의 주변에 있는 사람들 그의 자녀, 가족, 동료들이 너무 좋아했다는 것입니다. 제가 앞에서 예로 들었던 김춘근 교수, 그가 대학생 아들과 함께 강변을 거닐고 호텔로 돌아오는 길에 아들이 이런 말을 하더랍니다. "아빠, 난 아빠를 정말 사랑하고 존경해요. 나는 아빠가 하나님의 사람이요, 정말 진실한 신앙인 것을 분명히 보아왔어요. 나는 정말 아빠가 존경스러워요. 나도 이다음에 아빠 나이가 되었을 때, 아빠같이 꼭 하나님의 사람, 진실함을 소유한 진정한 신앙인이 되기 위해서 최선을 다할 것입니다." 우리 부모들이여, 자녀의 롤 모델이 되기를 기도합시다.

고린도 교회는 어떻게 그렇게 되었을까? 교회는 다시 사람들로부터 칭찬 듣는 원래의 신앙으로 돌아갈 수 있을까? 고린도후서 13장 5절을 봅니다. **"너희는 믿음 안에 있는가 너희 자신을 시험하고 너희 자신을 확증하라. 예수 그리스도께서 너희 안에 계신 줄을 너희가 스스로 알지 못하느냐 그렇지 않으면 너희는 버림받은 자니라."** 그 까닭은 그들이 믿음 안에 있지 않았기 때문입니다.

고린도 교회에는 많은 은사를 가지고 있었습니다. 그들은 방언하고 방언 통역을 하며, 예언하고 병을 고쳤습니다. 많은 봉사도 하였습니다. 교사가 많았습니다. 선지자가 많았습니다. 그러나 그들은 죄 가운데 살았습니다. 은사와 봉사와 능력이 그들을 죄에서 벗어나도록 하지 못하였습니다. 오늘 우리도 봅니다. 교회에서 열심 많고 능력 있는 자가 그런 다툼과 비방, 또는 음란과 호색함의 죄에 빠져 살아갑니다. 믿음 안에 있지 않았기 때문입니다.

믿음 안에 있으면 다른 사람이 됩니다. 그래서 바울은 고린도 교회가 믿음 안에 있는지 너희 자신을 시험하고 확증하라고 합니다. 검사를 하라는 말입니다. 확진자가 한 번 다녀가면 질병관리본부에서 그 때 그곳을 다녀간 자들에게 문자를 보냅니다. 빨리 감염병 테스트를 해 보라고 말입니다. 그럼 자신이 믿음 안에 있는지의 유무를 테스트하는 방법이 무엇입니까? 자신의 마음을 들여다보아야 합니다. 그 마음 안에 예수 그리스도가 살고 계시는지를 확인하는 것입니다. 아무리 들여다보아도 예수 그리스도가 지금 내 안에 살고 계시지 않으면 그 자는 어떤 자입니까? 5절 말미입니다. **"그렇지 않으면 너희는 버림받은 자니라"** 버림받았다는 말은 취소가 되었다는 말입니다. 주님의 나라에서 들어올 수 없는 자라고 판정이 난 것입니다.

믿음 안에 있지 않으면 죄가 나타납니다

어떻게 내 안에 예수가 계신지 알 수 있습니까? 압니다. 예수를 믿는 것은 십자가에서 날 대신해서 죽으신 예수 그리스도를 나의 주로 받아들이는 것입니다. 날 대신하여 죽으셨기에 나는 주님과 함께 죽었습니다. 그 예수 그리스도를 하나님이 만유의 주로 삼으셨는데, 그분이 나의 주이심을 받아들입니다. 믿음은 결국 나는 없고 오직 예수가 내 주가 되어 나와 함께 계심을 믿는 것입니다. 그러니 믿음 안에 있는 자는 자신 안에 예수님이 계심을 믿습니다.

그러면 어떤 일이 일어납니까? 자신이 주인이 되었을 때는 자신을 바라보았습니다. 그러나 이제 그런 자신이 죽었기에 자연스럽게 주인 되신 예수님만을 바라봅니다. 나의 주인이신 주님이 나와 함께 계신다! 그의 모든 일상을 전부 바꿔놓습니다. 한두 가지 예를 들면, 7절입니다. **"우리가 하나님께서 너희로 악을 조금도 행하지 않게 하시기를 구하노니 이는 우리가 옳은 자임을 나타내고자 함이 아니라 오직 우리는 버림받은 자 같을지라도 너희는 선을 행하고자 함이라."** 여기서 악과 선의 기본 개념은 악은 자기주장을 하는 것을 말하며 선은 주님의 뜻을 따르는 것을 말합니다. 다툼이나 비방 음란은 전부 자기주장, 자기 고집입니다. 그런 내가 죽었음을 받아들이며 주님이 나와 함께 함을 봅니다. 새로운 마음이 일어납니다. 쉬이 다툼이 나옵니까? 사실 우리 모두 자기가 강합니다. 주님이 여러분을 향하여 수도 없이 기도하라고 합니다. 충성하라고 합니다. 전도하라고 합니다. 그런데 잘 안 됩니다. 자기 마음, 자기 생각을 붙잡고 있기 때문입니다. 나는 죽었고 내가 지금 주님을 바라보고 있다면 그는 달라집니다. 주님의 말을 어떻게든 따르려고 합니다. 요셉이 하나님 앞에서 살았다는 말은 그렇게 하나님을 바라보며 산 것입니다. 그렇기에 가장 힘든 노예의 환경이지만 그는 죄 가운데 가지 않았고 성실과 열심으로 주인인 보디발을 섬겼습니다.

또 9절을 보면, **또 너희가 온전하게 되는 것이라**. 여기서 온전하다는 말은 헬라어 '카타르티시스 (κατάρτισις)입니다. 의학적 용어로 사용될 때는 뼈를 다시 제 자리에 맞추는 것을 말합니다. 일치가 일어나는 것이지요. 정치적인 용어로 사용될 때에는 불화하는 양쪽이 다시 관계를 회복하는 것을 말합니다. 종합하면, 양쪽의 관계가 정상적인 관계로 회복되는 것을 말합니다.

어느 교우가 고등학교 3학년인 아들을 새벽에 깨워놓고 새벽기도회에 가서 아들을 위하여 간절히 기도했습니다. 그런데 새벽기도회를 마치고 집에 들어가 보니 아들이 여태 이불 속에서 자고 있는 것이 아닙니까? 얼마나 화가 나던지 이불을 걷어치우면서 냅다 소리를 질렀다고 합니다. "이놈아! 너는 어째서 그 모양이냐? 어미는 교회에 가서 그렇게 간절히 기도하고 왔는데 정작 네가 자고 있으면 되겠니? 넌 안 돼, 안 돼"

내 안에 계신 주님을 늘 바라볼 때 우리는 변합니다

엄마에게 그런 마음이 일 때, 오직 예수 그리스도가 자신의 주이심을 보았다면 어떻게 했을까요? 반드시 주님이 그의 마음에 감동을 주십니다. 주님이 어떻게 하라고 할까요? 겟세마네 동산에서 기도하라고 그렇게 당부했음에도, 그것도 세 번이나 반복했거늘 잠만 자는 제자들, 그런 제자들을 향하여 주님은 너희는 안 된다고 말을 하였을까요? 분명 기도하지 않으면 시험에 드는데, 사실 그들은 나중에 시험에 들어서 전부 주님을 떠납니다. 그런데도 졸고 있습니다. 얼마나 한숨이 나오겠습니까? 복음서에는 왜 그렇게 잠을 자는지 적어놓았습니다. "마음에는 원이로되 육신이 약하도다." 주님은 그들의 피곤함을 보았습니다. 안타까운 가운데 그들을 이해하려고 합니다. 엄마가 잠깐 주님을 바라봅니다. 그렇게 주님을 바라보았다면, 그는 오히려 피곤하여 잠을 자는 아이에게 가서 기도하였을지 모릅니다. 그리고 등을 만지면서 그를 깨워 힘을 내라고 했을지 모르겠습니다. 아이가 왜 엄마의 기도를 모를까요? 자신의 피곤함을 아는 엄마가 등을 만지면서 격려할 때, 아이는 일어나서 힘을 얻을 것입니다. 너는 안 돼! 라고 말을 했을 때, 엄마와 자녀의 관계는 깨어졌고, 그렇게 안 된다는 말을 들은 아들은 자신이 안 되는 자라고 생각하면 자신과의 관계도 깨어졌고 주님의 뜻이 아닌 길로 가는 것입니다. 그런데 주님을 바라봄으로 관계가 온전해지고 엄마와 자녀가 온전해집니다.

우리의 씨름은 혈과 육이 아닙니다. 에베소서 6장 12절입니다. **"우리의**

씨름은 혈과 육에 의한 것이 아니요 정사와 권세와 이 어두움의 세상 주관자들과 하늘에 있는 악한 영들에게 대함이라." 내 안에 염려가 일어납니다. 그때, 그래 염려하지 말아야지! 염려하지 말아야지! 그것은 내 육체, 즉 혈과 육과 씨름하는 것입니다. 아닙니다. 악한 영들과의 씨름입니다. 무슨 말이냐 하면 하와에게 사탄이 와서 선악과를 먹게 하면서, 네가 하나님이 되기를 원한다고 꼬드깁니다. 악한 영은 우리로 하여금 계속 네가 주인이라는 것입니다, 네 생각, 네 감정대로 살라는 것입니다. 거기에 대항해서 우리는 아니다. 그런 나는 죽었고, 예수가 내 주가 되어 나와 함께 하신다. 나는 죽었기에 주님으로 살아야 해! 이것입니다. 말 안 듣는 자녀와의 싸움이 아닙니다. 내 맘과 맞지 않는 배우자와의 싸움이 아닙니다. 내 뜻과 맞지 않는 동료와의 싸움이 아닙니다. 영적인 전쟁입니다. 고린도 교회는 그 영적 전쟁에 진 것입니다.

많은 성도가 주일예배를 드리고 예배당 밖으로 나가면서 주님과 이런 대화를 나눈다고 합니다. '예수님, 왜 이러세요? 왜 자꾸 따라오시려 하세요? 그러시는 게 아니에요. 여기 잠잠히 계세요. 세상으로 따라오시는 거 아니에요.' 우리는 자기 맘대로 살기 원합니다. 어느 목사님이 식당에서 이런 글귀를 보았다고 합니다. "만일 당신이 구덩이에 빠졌다면 가장 먼저 할 일은 더 파고 들어가기를 멈추는 것이다." 어떤 분은 미움이라는 구덩이에 빠지면 더 깊이 파고 들어가 '앙심'으로 만듭니다. '외로움'이라는 웅덩이에 빠지면 더 깊이 파고 들어가 '고독'과 '소외'를 자초합니다. 자기를 붙잡고 살기 원해서입니다.

여러분, 운동선수가 어떤 동작이 자연스러워지기까지는 계속하여 반복 훈련을 합니다. 하나님은 이스라엘 백성들이 하나님 안에서 살도록 옷의 단의 양쪽 귀에 청색 끈에 술을 달도록 하였습니다. 청색 끈은 하나님을 상징합니다. 하나님이 너와 함께 함을 알라는 것입니다. 현관문 앞에, '나는 없고 나는 주님을 대신하여 식구들을 만난다!' 고 써놓고, 직장 책상에도 그렇게 기록해 놓으시기 바랍니다. 날마다 예수 선언을 하시며 늘 주님을 바라보시기 바랍니다. 그러면 반석 위에 세운 집이 될 것이며, 다른 사람을 복되게 하며, 천국 상급을 얻을 것입니다. 이 은혜가 있기를 축복합니다.

주님의 몸으로 살라

초판 1쇄 발행일 2021년 2월 2일

- ■지은이　　최병학
- ■펴낸이　　방주석
- ■본문편집　민상기
- ■표지디자인　방나예
- ■영업책임　정진혁
- ■펴낸곳　　베드로서원
- ■주　소　　10252 경기도 고양시 일산동구 고봉로 776-92
- ■전　화　　031-976-8970
- ■팩　스　　031-976-8971
- ■이메일　　peterhouse@daum.net
- ■등　록　　2010년 1월 18일 / 창립일 : 1988년 6월 3일

책값은 뒤표지에 있습니다.
ISBN 979-11-973100-2-7 03230

베드로서원은 말씀과 성령 안에서 기도로 시작하며
영혼이 풍요로워지는 책을 만드는 데 힘쓰고 있으며,
문서선교 사역의 현장에서 세계화의 비전을 넓혀 가겠습니다.